霊鬼怪談
阿吽語り

営業のK
多故くらら

竹書房
怪談
文庫

目次

※本書は体験者および関係者に実際に取材した内容をもとに書き綴られた怪談集です。体験者の記憶と主観のもとに再現されたものであり、掲載するすべてを事実と認定するものではございません。あらかじめご了承ください。

※本書に登場する人物名は、様々な事情を考慮してすべて仮名にしてあります。また、作中に登場する体験者の記憶と体験当時の世相を鑑み、極力当時の様相を再現するよう心がけています。今日の見地においては若干耳慣れない言葉・表記が記載される場合がございますが、これらは差別・侮蔑を助長する意図に基づくものではございません。

霊鬼怪談　阿吽語り

営業のK
多故くらら

営業のK

石川県金沢市出身。高校までを金沢市で過ごし、大学四年間は関西にて過ごす。職業は会社員（営業職）。趣味は、バンド活動とバイクでの一人旅。幼少期から数多の怪奇現象に遭遇し、そこから現在に至るまでに体験した恐怖事件、及び、周囲で発生した怪奇現象を文に綴ることをライフワークとしている。二〇一七年『闇塗怪談』（竹書房）でデビュー。主な著書に「闇塗怪談」シリーズ、「怪談禁事録」シリーズなど。

多故くらら

東京都在住。二〇二三年二月より執筆開始。怪談マンスリーコンテストで最恐賞を二度受賞し、注目を集める。東欧、北欧、アフリカから金沢、東京まで幅広く怪談蒐集中。何方かの人生の脇道や曲がり角、行き止まりの片隅に打ち捨てられていた怪奇が自分にとっての大切な宝物。主な参加著書に『呪録 怪の産声』『妖怪談 現代実話異録』『投稿 瞬殺怪談』。

虹色の水たまり

十九歳の優香さんが遭遇した出来事である。

優香さんはその日、友人の薫さんの誕生日ケーキを買いに街の洋菓子店に来ていた。ケーキを受け取り、歩き出すと、通りの向こうに新しくお花屋さんが開店しているのに気がついた。

（そうだ。薫ちゃんの誕生花で小さなブーケを作って貰うのもいいかもしれない）

そう思いついた優香さんは、ケーキの箱を片手に横断歩道を渡った。

店頭の花束に気をとられながら道を曲がると、和服の女性とぶつかりそうになった。

「あ、ごめんなさい！」

互いに笑顔で左右に避け合ったその時だった。

「ウワぁ――――ッ!!」

サッカーの試合でゴールをした時に上がる、低い歓声のような声が降ってきた。

バギズズズズッ!!　ザザザザザッ！　バッンンッ！

上空からの凄まじい衝撃に、優香さんは歩道の桜の木に爆弾が落ちたのかと思った。

音の方向を見ると、黒いジャージ姿で裸足の男の人が木の下に倒れていた。

頭は地面に叩きつけられ、イチゴのスムージーのようなものが飛び散っている。

頭上に挙げた右手は、壁に掴まろうとする形のまま指先が赤く弾け飛んでいた。

折れた桜の枝から散る桜の花と和服の女性が大きく口を開けて絶叫している恐怖の表情を見たのを最後に、優香さんは意識が飛んでしまった。

ハッと我に返ると、さっきの和服の女性が困ったような顔で警察官と話しているのが目に映った。道路ではパトカーの回転灯がクルクルと回りながら赤く光っている。

通行人や近所の商店の人達も歩道に立ち止まっては、又去っていく。

優香さんは、すぐ近くのコインランドリーの階段で、壁に頭をもたれて座っていた。

おそらく、一瞬、気を失った自分を誰かが座らせてくれたのだろう。

横に置かれていたケーキの箱をそっと掴んで、ふらつきながら立ち上がると、まだあの男の人は、歩道に臥せたままだった。

割れた頭も体も毛布一枚掛けられることなく、無惨にそのまま置かれていることに優香さんは再びショックを受けた。

折れて垂れ下がる桜の枝から、花びらだけが男の人の上に積もっていく。

その時、亡くなった男の人の頭の近くに、突然、覆い被さるように座り込む人がいた。

膝を突く姿勢で座り込んだその人を、最初は救急隊員かと思った。

だが、違う。白衣を着た、頭の禿げかけた老人だった。枯れ木のように痩せている。

着ている白衣も、よく見ると灰色に近く、あちこち千切れてボロボロになっていた。

老人は手をヒラヒラさせながら、亡くなった男の人に向かって何か話しかけている。

だが、優香さんの視線に気づいたのか、急にクルッと体を捻ってこちらを見た。

老人は異様な目をしていた。

両方の眼球が白い饅頭のように膨らみ、中心にある黒目が普通の人の半分もない。

その目で刺すように見つめられると、優香さんは、「ひッ」と小さな悲鳴を上げた。

その時、優香さんの視界の端に何かチロチロと動くものが見えた。

地面に臥せた男の人の頭から、薄赤い色の水が湧き出していた。

その流れが、ジワジワと歩道をつたって老人の方へと延びていく。

老人は、いつの間にか片頬を地面につけ、嬉しそうにその水を口で吸おうとしていた。

それを見た瞬間、優香さんは、全身の毛穴がギュッと縮み上がり、そのまま夢中で歩道を駆け出していた。

なんとか薫さんの家に辿り着くと、優香さんは平静を装って笑顔でお祝いのケーキを渡

し、薫さんが用意してくれたピザとフライドチキンのご馳走を口に運んでいたが、

「ずっと元気ないし、顔色悪いけど、大丈夫？　何かあったの？」

そう薫さんから聞かれて、誕生日にこんな話は縁起が悪いとは思ったが、飛び降り自殺に遭遇したこと、そして、現れた不気味な老人のことまで、堰を切ったように話してしまった。

老人のことを聞いた途端、薫さんは顔色が青ざめ、引き攣った顔で言った。

「そのおじいさんね……もしかしたら、うちのスイちゃんかもしれない……」

「――えっ？　ええっ？　どういうこと？」

びっくりして聞き返す優香さんに、薫さんは、「誰にも内緒だからね」と厳しい表情で前置きをした。

薫さんがまだ小学六年生だった、ある日曜日のことだった。

お昼頃、薫さんの住むマンションの下の路地がやけにガヤガヤとうるさい。

七階にある薫さんの家のベランダから下を見ると、道路に男の人が倒れていた。

頭の下には赤黒い水たまりのような模様ができていて、沢山の人が遠巻きにしている。

そこにパトカーが到着し、お巡りさんが倒れた人を覗き込んで、首を振った。

「飛び降り自殺だって、可哀想に」

「向かいのマンションから落ちたらしいよ」

路地の人達の声が風に乗って七階まで聞こえてきた。

薫さんは、そのまま自殺現場の変化をずっと観察していた。

両親は仕事で居なかったので、そんなことをしていても家には叱る大人はいない。

警察も引き上げ、死んだ男の人も運ばれて行ったのは午後三時頃だった。

道に溜まっている赤黒い模様をマンションの管理人さんが、バケツで水を運んで流している。何杯も運んだせいで道路は雨上がりのようにぐっしょりと濡れていた。

男の人が倒れていた場所は、少し窪んでいて、大きな水たまりが出来ていた。

その水たまりに傾きかけた日が差すと、鮮やかな虹が見えた。

空に虹が架かっている訳ではないのに、水たまりの中には丸い虹が見える。

薫さんは家を出て、下の路地に行ってみた。

ちょうど頭があった辺りの水たまりの虹は、色が濃く、グルグルと生き物のように蠢いている。

「その時にね、思いついたの。うちのスイちゃんの病気は、このきれいな虹の出来ている水なら、もしかしたら治るんじゃないかって」

薫さんの家には、もう死を待つだけになっているスイちゃんと名付けた金魚がいた。

薫さんがホームセンターで一目惚れをし、誕生日にねだって買ってもらった真っ白な金魚で、おでこの肉瘤もヒレも見事な蘭鋳《らんちゅう》のオスだ。

そのスイちゃんが、蘭鋳には致命的な松カサ病に罹っていた。

松カサ病に罹った金魚は、体が膨れ上がり、そのせいで鱗が逆立って松笠の様になる。

塩水浴、薬液浴、肝臓の薬を餌に混ぜたり、ココアを水に溶かすココア浴もした。

だが、スイちゃんの体の膨張は止まらず、病状は悪化の一途を辿った。

今はヒレをボロボロに痛めながら、水底でじっと横になっているだけだ。

もう息も苦しげで、ずっと餌も食べない。

薫さんは、空いたプリンのカップを取りに帰ると、水たまりの水を汲み、スイちゃんの水槽に入れてみた。

「そしたらね、パンパンに膨らんでいた体が萎《しぼ》んで、鱗が閉じ始めたの。そして、スイちゃんはまた泳げるくらいに奇跡的に元気なって、今年でもう、十歳になるんだけど……。時々ね、水槽から居なくなる時があるの」

優香さんは、薫さんの家に遊びに来ると、玄関に置かれた水槽に白い金魚がいるのを見かけたことがあった。

「居なくなる？　どういうこと？」

「スイちゃん、具合が悪くなると、自分で虹色の水たまりを探しに行ってるみたいなの。その時にね、白衣を着たボロボロのおじいさんの姿になるみたいで、玄関でおじいさんの姿をした人がスーーって外に消えて行くのを何度も見たことがあるの」

優香さんは、どう返事をしたら良いのかわからなくなった。

「でね、あの虹色の水たまりは、飛び降り自殺をした人の痕だからできたんだと思うの」

薫さんはケーキの上のイチゴを皿に落とすと、フォークでグチャっと潰した。

「潰れたての人間、というか、それが重要なんじゃないかな」

潰れたイチゴから赤い汁が流れ出るのを薫さんは目を据えてじっと見ている。

「だから、もしかしたら、優香ちゃんの見たおじいさんは、潰れたばかりの人間の成分を吸い込むスイちゃんだったんじゃないかなって思うの……」

優香さんは、聴いているうちに恐怖で手がブルブルと震え出していた。

こんな恐ろしい内容を平然と話す、薫さんも怖い。

ケーキを食べるために持っていたフォークがお皿に当たって、カタカタと鳴る。

すると、薫さんは俯いたまま、突然、肩を震わせ始めた。

「……なんて、ね！」

そう言うと、フフフっと可笑しそうに笑う。

「なんだぁ、もう！　本当だと思ったじゃない。もう、やめて！」

優香さんも、緊張が解けて笑い出す。

二人でひとしきり笑い、紅茶を飲んでいると薫さんの携帯電話が一度だけ鳴った。

薫さんの留学中の彼氏からの電話だとわかった優香さんは、

「じゃ、そろそろ帰るね。送らなくていいよ。あ、スイちゃんの顔だけ見ていく！」

そう言って帰り支度をして立ち上がった。

「ごめんね。スイの水槽は玄関の横の部屋に置いてあるの。最近、具合悪かったけど元気になると思うよ。今日は本当にありがとうね」

優香さんが玄関に向かうと、彼と話す薫さんの声が、もう背後から聞こえてくる。

玄関横の小部屋のドアを細く開けると、床に桜の花びらが落ちていた。

斜め上から見る水槽の水面にも白い桜の花びらが浮かび、水の色がなぜか赤く見える。

（なんで桜の花びらが……。それに水が赤いような……）

この水槽は側面にも黒いスクリーンが貼られていて、どこに金魚がいるのか見えない。

更にドアを開け、一歩、薄暗い小部屋の中に踏み込んだ。

優香さんは長い髪を耳にかけると腰を屈めて、水槽を正面から覗いてみた。
(あれ?)
水槽の中には何もいない。
(どこに行っちゃったんだろう?)
まさか薫さんの話は全部本当だったのだろうか?
優香さんは急に背筋がゾッと寒くなって、
「まさかね!」
あえて声に出して言ってみた。
そして、水槽のある小部屋のドアを閉めて、何気なく玄関の方を振り向いた。
そこには、白い蘭鋳を口に咥えてしゃぶっている、昼間の老人が立っていた。

水たまり

霊は水辺を好むという話をよく聞く。

これは俺の経験上からも納得できるのだが、個人的に感じるのは、霊は水分を好んでいるのではなく、水を移動の出入り口として利用しているのではないか？　ということ。

つまり、水鏡というやつだ。

鏡がある場所は限られているが、水ならば何処にでもある。

降霊術として鏡が利用される場合もあり、霊は鏡を媒体として移動し現れることも多い。

そうなると鏡の向こう側には、人間が想像もできぬほどの、果てしない空間が広がっているのかもしれない。

だから姿が映るものを鏡というのならば、水面にできた水鏡も霊にとっては格好の出入り口になる。

そして水鏡など、どこにでもあるのだ。

プール、浴槽、台所、鍋の中、そして水たまり……。

今、水鏡に映っているのは本当にあなたの姿だろうか？

若田さんは静岡県にお住まいの二七歳のＯＬさん。

生まれたのは群馬県になるそうだが、ある記憶がトラウマになっており、大学に進学すると同時に故郷を捨てて、静岡県に移り住んだ。

静岡県に住んでからもう九年ほどになるが、その間一度も故郷には戻ってはおらず、今後も戻るつもりはないと断言する彼女。

更にその記憶の影響で、未だに水たまりを見つけると、すぐに道を迂回してしまうのだという。

そんな状態だと、雨の日なんかはどこにも出られなくて困るんじゃないですか？

と聞くと、どうやら本当に恐ろしく感じているのは雨の日ではないのだという。

晴れた日にポツンと現れた水たまりこそが、最も恐ろしいのだと教えてくれた。

彼女にそこまでのトラウマを植え付けたのはいったい何なのか？

理由について、これからじっくりと書いていこうと思う。

それは彼女が小学五年生の時だった。

その日彼女は学校で嫌なことがあり、いつもの下校路を友達と一緒に帰る気分にはなれず、初めて使う道をひとり足早に歩いていた。

(少しでも早く家に帰りたい!)

(お母さんの顔を見たい!)

そんな思いから彼女なりに近道だと思われる道を選んだ。

家々が建ち並ぶ住宅街から離れた、竹林の続く緩い坂道。

とは言っても、道はしっかりと舗装されていたし、何より車の通行量もそれなりにあったから、決して怖いとか不安という感覚はなかった。

それに天気も快晴で、下校時刻とはいえまだ暖かく日差しが眩しい程だった。

のんびり歩いていると、前方に突然、水たまりが出現した。

出現と書いたのは、先程までは何もなかった道に、突如として水たまりが認識できたからだ。

やがて、少しずつ水たまりが近くなってくると、今度は強い違和感を覚えた。

水たまりはきれいな正円をしており、まるでマンホールのよう。

奇妙なのは何よりもその色だ。真っ黒にしか見えない。

どうしてそんな正円が水たまりだと思えたのかと言うと、表面がキラキラと景色を映し出していたからだという。

水たまりの近くまで来た彼女は、学校からここまでの道のりで、ひとつも水たまりなどなかったことに気付く。

いや、周りを見渡しても水たまりなどどこにもない。

どうして、ここにだけ、こんなに大きな水たまりができているのか？

更にここ数日間は雨など一度も降っていなかったというのだから、彼女が不思議に思ったのも当然だろう。

だから、直感的に彼女はその水たまりが悪いものだと感じていた。

水たまりの横を通り過ぎる時も、できるだけ足早にやりすごそうとした。

しかしやはり好奇心というのは御しがたいものなのだろう。

彼女は水たまりの横を早足で通り過ぎる際に、横目でまじまじと水たまりを凝視してしまった。顔こそ前を向いていたが、できる限り端に寄せた視線は、しっかりと水たまりを捉えている。

水たまりの中に、裸の女がいた。

髪は長く、肌の色が青白い、痩せぎすの成人女性。

そんな女が、まるでガラスに顔を押し付けるように水面にぴったりと顔をつけ、こちらを覗き込んでいた。

ヒッヒィィー……！

それを見た瞬間、彼女はその場から悲鳴をあげて走り出していた。

水たまりの中に女の顔があったことも恐ろしかったが、それと同時に水たまりであるはずなのに、その中には広い別の世界が広がっているように感じられて戦慄した。

あの中に引きずり込まれたら二度と戻っては来られない……。

そんな恐怖を感じ取ったのだという。

彼女は必死に逃げた。

少しでも先程の水たまりから離れなければ！

そう思い、死に物狂いで走り続けた。

それなりの時間、全力疾走で走ったつもりだった。

すると突然、彼女の背後から絶叫にも似た悲鳴が聞こえた。

思わずその場に立ち止まり振り返った彼女。

すると彼女のすぐ背後に、先程の水たまりがあった。

近づいてきていた……。

もしかして水たまりが私を追いかけてきたの？

あれほど全力で逃げたのに！

そう思ったが、彼女はその場から再び走りだすことはできなかった。

明らかに水たまりの中に誰かが落ちている。

そして水たまりから腕が突き出された。それはどう見ても彼女と同じ小学生の腕で、垣間見える制服から、同じ小学校の男子児童の腕としか思えなかった。

その腕は必死に何かを掴もうとしていた。

掴まれる場所を必死で探しているように、その腕はもがき続けた。

自力で水たまりの中から這い上がろうとでもしているかのように。

（助けてあげたい……）

その気持ちは痛いほどにあったが、どうしても恐怖で体が強ばり、動かなかった。

彼女は、次第にぐったりとし、静かに水たまりの中に吸い込まれていく男の子の腕と、その後ゆっくりと小さくなっていく水たまりを見届けてからハッと我に返り、その場から再び走り出した。

圧し潰されそうな恐怖に、大粒の涙を流しながら。

彼女は無事に帰宅し、母親に一部始終を話して聞かせたが、母親は明らかに彼女の話を適当に聞き流しているのがわかった。

数日後、学校の全体集会で一人の男子生徒が行方不明になっているのだと校長から説明を受けた。

あの子だ……あの男子生徒に違いない！

そう確信したものの、彼女は自分があの日に体験したことを誰にも話さなかった。

話しても信用してもらえないのではないか？　という不安からではない。

もしもあのことを話してしまったら、

――あの水たまりの女が、今度は自分を連れに来るのではないか？

そう思えたからだという。

彼女は、あの日の出来事を完全に忘れてしまうことにした。

それが最善策だと思ったし、そもそも自分が見たものはすべて夢だったのではないか？

行方不明になっている男の子だってあの体験とは全く関係ないのかもしれない。

そう無理やりに思い込んで。

いつしか彼女は、あの日の出来事を記憶から消し去ることに成功した。

だが禁忌は突如として蘇る。

半年ほど前から、再び彼女の前にあの水たまりが現れるようになった。

それは必ず晴れた日。あの時と同じ、正円のマンホールのような形に、真っ黒な水を湛えた形で現れる。

そして水たまりの中からはあの時沈んでいった男の子が浮かんできて、彼女に手招きをするのだという。

その度にその場から逃げるように走り出す彼女は、これまで幾度となく怪我をしている。

男の子は水膨れた水死体のような姿で、それを見ただけで誰でもトラウマになってしまうほどの気持ち悪さだという。

水たまりは、次第に彼女との距離を詰めてきている。

彼女は今、仕事も辞めて遠く離れた土地へ移住しようと考えている。

当時行方不明になっていた男の子はいまだに発見されておらず、事件としても扱われていないという。

現在、音楽大学の大学院生の藍子さんが小学三年生の時から始まる怪異である。

六月のある梅雨空の日。小学校からの夕方の帰り道だった。

藍子さんは、いつも横を通っている古い家の塀が壊されて無くなっていることに気がついた。朝まであった石の塀が壊され、今まで隠されていた内側が見える。

敷地の中には人の気配がなく、もう今日の工事は終わったのだろう。

藍子さんは、塀の残骸を跨いで、そっと中に入ってみた。

奥に進むと、黄色いショベルカーが古い木片や瓦礫を積み上げた前に停めてある。

静止しているショベルカーの横に来ると、藍子さんは（あれ？）と思った。

〈安全第一〉という緑の字の上に、血の色をした手形がついている。

血がついた手をそこに突いて、横にグイッと引っ張ったような痕だった。

（このショベルカーを運転してた人、怪我したのかな？）

ショベルカーの車輪の周りに白い陶器の破片がたくさん散っている。

家の神棚にあげるお酒の入れ物のような器も割れて落ちている。

パリパリと音をさせながら、破片を踏みつつ進むと、黒くて円い板が地面から半分だけ顔を出しているのを見つけた。ガラスを墨で塗りつぶしたような小さな板だ。

藍子さんは、しゃがんで手を伸ばすと、土の中から円い板を引き抜いてみた。

——小さな鏡だった。

ほとんど真っ黒に塗られているが、中心には綺麗な鏡の部分が少し残っていた。

ちょうど手の中に収まる大きさだから、手鏡かもしれない。

鏡についた泥を払って覗いてみると、鏡の中心に自分の左目が映る。


その時、暗い曇天の空から小雨が降ってきた。

手の中の黒い鏡にも、ポツリ、ポツリと雨粒が落ちる。

すると、雨があたった部分は、黒い墨が溶けたように薄くなり、何かが見えてきた。

ざらざらとした黒い粒子の向こうに、濃い赤色と橙色の横縞が見える。もっと明るいオレンジ色の丸い玉もぼんやりと浮かんできた。

さらに雨粒が落ちると、赤と橙色の色彩が吹き流しのように動き、紫の雲も現れた。

黒い鏡の表面は、まるで綺麗な夕焼けのような景色になった。
(なんか、すごい!)
息を呑んで見ていると、紫の雲の上を黒い鳥のようなものがスッと横切った。
(え? 鳥が飛んでる? これ、何かの機械なのかな?)
藍子さんは鏡の裏側を見たが、電源やスイッチは見当たらない。
手触りで調べても、中に何かが挟まっている感じもしない。
鏡に落ちた水滴を、長袖のTシャツの袖口でぬぐってみた。
すると、夕焼けの景色は、瞬く間に消えてしまった。
(あれ? 元に戻っちゃった)
全く何も見えない、元の墨の色に戻ってしまっている。
ガサガサとした手触りだけが、真っ黒い鏡の表面を覆っていた。
その時、急に雨風が強まり、雷鳴も轟き始めた。
藍子さんは、この鏡を家に持って、じっくり観察したくなってしまった。
ポケットからハンカチを出して包むと、ランドセルに大事にしまって、家へと急いだ。

その夜、夕飯も終わり、両親が居間から寝室に引き上げた頃だった。

藍子さんは、二段ベッドの下で眠りかけていた、一つ年上のお姉さんを起こした。

「なに？　藍ちゃん」

寝ぼけ声で目を擦るお姉さんに向かって、唇の前に指をあててシーっと合図をする。

「今日ね、すごい宝物を見つけたの。お父さんと母さんには絶対に内緒ね」

そう言って、あの鏡をハンカチに包んだままチラリとだけ見せた。

「なにそれ、もっと見せてよ！」

「通学路の壊されちゃった家に落ちてたの。凄いの見せてあげるから、お風呂に来て」

足音を忍ばせ、暗い廊下を電気も点けずに風呂場に向かう。

「お姉ちゃん、絶対、シーっだよ」

二人ともワクワクして忍び笑いが漏れてしまう。

本当はもっと早く観察したかったが、今日に限ってお母さんが、風呂場の洗面所で顔の産毛の手入れをしていて、風呂場をなかなか使えなかった。

パジャマに裸足で、二人で風呂場のタイルの上に下りると、そっと扉を閉めた。

「なに？　なに？　早く見せて！」

クスクス笑うお姉さんをタイルに座らせ、藍子さんはハンカチを解く。

黒い鏡を湯船の縁にそっと置き、藍子さんは残り湯の中に右手をジャブっと浸した。

すかさず、パッパッと手を振って、鏡の表面に水滴を散らす。

「お姉ちゃん、絶対、目を離さないで見てて！」

そう言って、藍子さんもお姉さんの隣に急いで体育座りをすると両手で鏡を持った。

二人で顔を寄せ合い、鏡を覗くと、また墨色が溶けたように薄くなり始めた。

――その瞬間だった。

お姉さんが突然、スッと立ち上がった。

風呂場の扉を開け、すぐ前の洗面所の棚に置いてあった、お母さんの棒型のカミソリを手に持って戻ってきた。

そして、笑い顔のまま、藍子さんの左眉毛の肉をズバッと削ぎ落とした。

毛のついた皮膚と薄い肉片が、血飛沫と一緒に膝に落ちる。

一瞬で左目の視界は真っ赤な血の海となり、

「いぎゃうぁぁあああ！」

藍子さんは言葉にならない絶叫を上げた。

お姉さんは、そのまま湯船の中に血だらけのカミソリを入れるとザバッと引き上げた。

そして、掃除当番の雑巾洗いのように、両手でカミソリの刃をギュッ、ギュッと深く握り、ねじり洗いの動きをした。

カミソリの刃がザックリと食い込み、鮮血のしたたる両手両指を湯に浸け、またカミソリを雑巾のようにねじり洗いをする動作をお姉さんはずっと笑顔で繰り返した。

「救急車で二人とも病院に運ばれたんですが、姉の両手、両指はズタズタになり――」

藍子さんは痛みを堪えるように両手を強く組む。

「年配の救急隊員の人が『挽肉の自動回転チョッパーに手を突っ込んでしまったのと同じくらいの酷さだ』と深刻な声で別の救急隊員に話していたのを……憶えています」

そう言うと、藍子さんは前髪を上げて、無くなってしまった左眉毛と白い毛虫のような傷の痕を見せてくれた。

お姉さんは、最初の病院ではあまりの酷さで手に負えず、手の専門外科がある大学病院に運ばれ、なんとか指は繋ぎ留められたそうだ。

しかし、この惨劇をお姉さん本人は全く憶えていないのだと言う。

「手術の終わった姉に、『あの時のこと、なんにも憶えていないの?』と聞いたら……」

藍子さんは、蒼白な顔で唇を震わせながら、言葉に出すのを迷いながら言った。

「『湯船の中に黒いアザラシがいた』とだけ言いました。真っ黒いアザラシが、ぬらぬらした黒い顔をこちらに向けて笑っていた、と」

お姉さんの言葉を聞いて、藍子さんは思ったそうだ。

(あの時、鏡の中の夕焼けを横切った黒い鳥のようなものは、本当は黒いアザラシだったのかもしれない)

そして、あの鏡がとてつもなく恐ろしくなった。

左眉の傷にやっと肉が盛り上がり、ピンクの薄皮が張るくらい回復すると、藍子さんは鏡をあの家に返しに行くことを決意した。

あの状況で誰が仕舞ったのか、洗面所の引き出しの中に鏡はそっと入っていた。

藍子さんは、あの家へ行き、塀のあった辺りから敷地の中に鏡を放り込むと、後ろも振り返らずに逃げ出したと言う。

それ以来、藍子さんはあの家の前は絶対に通らず、手前で迂回して学校に通っていた。

しばらくして、あの家の手前の道に差し掛かると、パトカーが見えた。

パトカーはあの家の真横に停めてあり、警察官が出入りをしている。

何事かと藍子さんが立ち止ると、既に集まっていた大人達が話す声が聞こえた。

あの敷地は更地になって、地鎮祭というものが行われていたらしい。

神主さんの祝詞の最中に、参列してお祓いを受けていた大工や工事関係者達が、

「殺される！」

「やめてくれ！」

突然、そう叫ぶと腕を振り回して暴れ、滅茶苦茶な殴り合いが始まったのだそうだ。

驚いて止めに入った神主さんまで乱闘に巻き込まれ、殴られて折れた鼻からの出血で、白い衣が真っ赤に染まり、地鎮祭は中止せざるを得ない状況になったという。

「とうとうあそこは、お祓いもできなくなったか……」

隣に立っていた知らないお婆さんが、呻くような口調で言った。

その言葉にゾッと背筋が寒くなり、藍子さんは家に走って逃げ帰ったそうだ。


その後、転勤族だったお父さんの異動がまた決まり、その後は長らくあの地域には行くこともなかった。

さらに十年以上の歳月が経ち、藍子さんが音大の大学院に進学した年の六月だった。

知人の披露宴でフルートを演奏して外に出ると、ちょうど雨が降ってきたので、タクシーチケットを貰って帰ることになった。

●

タクシーの運転手にチケットを渡して行き先を告げると、カーナビが示すルートが小学三年生まで住んでいたあの地域を通ることがわかった。

藍子さんは街並みを懐かしく眺めていたが、大通りを曲がった時に気がついた、
(これは、あの鏡を拾った家の前の道だ)
だが、流石にもう昔のことだと、車が進んで行くのを見守っていた。
あの家の辺りは、明るくお洒落な新興住宅地へと様変わりしていた。
藍子さんは、なぜか、ふと道に降りてみたくなった。
「運転手さん、一瞬だけ停めて貰っていいですか？　見てきたい家があるんです」
そう言って車を停めてもらい、藍子さんは道に降りた。
売り出し中の新築一戸建てが四軒並び、右端の家の横には、新たな私道もできている。
なにげなく私道に面した塀を覗くと、黒いスプレーで何か落書きをされている。
(悪戯？　なんて書いてあるんだろ？)
藍子さんは塀の正面にまわってみた。
『●●●●』
四つの黒い丸で、下の字を隠すように執拗にスプレーで真っ黒に塗り潰されている。
その時、不意に雨が強くなってきた。
「あっ……」
雨が強く壁に当たると、黒いスプレーが溶け出し始めた。

塗りつぶされた●の一つ一つに顔のような模様がぼんやりと浮かんできた。

大きな黒い目と潰れた鼻と髭のある笑った口が現れてくる。

藍子さんの心臓が早鐘を打ち、背筋に冷たい汗が伝って落ちた。

もう見てはいけない、と思っても、どうしてなのか顔から目が逸せない。

平面の壁が三面鏡の合わせ鏡のように見え始め、どこまでも続く黒い顔を追いかけて、奥深い場所へと両目の眼球が引っ張られていくような気がした。

「ファァアン！　ファァアン！」

耳障りな音が聞こえて、藍子さんはハッと我に返った。

タクシーが短くクラクションを鳴らして、戻れ、と合図をしている。

ふらふらとタクシーに戻ると、運転手は引き攣った顔で怯えた目をしていた。

生気を吸い取られたようにグッタリとした姿で後ろのシートに座ると、

「もう……やめて下さい……触らぬ神に祟りなし、触らぬ神に祟りなし……」

何を見ていたのか、運転手はそう唱えながら、猛スピードで車を飛ばし始めた。

「あの、もう降ります」

そう言うと、運転手は車を急停止して藍子さんを降ろし、そのまま逃げるように行ってしまった。

藍子さんは、さきほど顔のような模様が浮かび上がったあの黒い丸。●で塗りつぶされた文字は『アザラシ』ではないかと思えてならないそうだ。

「でも、もし、確認しに行ったら、今度こそすべて終わりだと思います」

藍子さんはそう言って、失った左眉を震える指先で撫でていた。

悪魔の体毛

悪魔というものは確かに実在しているのだと思う。

それは日本における幽霊でも妖怪でもなく、ただ悪魔という唯一無二の存在として。

福井市に住む五〇代の石部さんは、数年前にそれまで働いていた仕事を辞め、夫の母親の介護に専念するようになった。

それまでも義母とは同居していたのだが、八〇歳になる頃に義母の認知症が発覚し、あれよあれよという間に症状が進んでしまい、とても一人で家に置いておける状態ではなくなった。

人伝に介護施設を紹介してもらい、デイサービスへ行ってもらうことで昼間は一息つくこともできたが、それまで介護の知識も経験もない彼女にとって、義母の介護は心身ともに大変な重労働だった。

あんなに年齢を感じさせず、頭脳明晰で元気だった義母がどうしてこんなことに……？

そんな恨み節がついつい口からこぼれてしまう。

今考えると義母の症状が始まったのは本当に突然のことだった。

欧州旅行から帰った夫の妹が、義母へのお土産として奇妙な物を買ってきた。

「悪魔の体毛よ」という説明で義母に渡されたそれは、たった一本の長い毛であったが、それだけで存在感アリアリの異臭を漂わせていた。

その臭いは独特なもので、最初は冗談だと思って聞いていた彼女も得体の知れない気持ち悪さを感じ、すぐにそれを適当な理由をつけてポリ袋に密封し、床下にしまってしまった。

だがそれから二日後に、そのポリ袋の中身を処分してしまおうと床下収納庫を開けると、そこにはポリ袋はあれど、中身だけが忽然と消えていたという。

ちょうどその頃からだった。

義母の様子が変わったのは……。

何を話しかけても反応がなくなり、宙を見つめてボソボソと独り言ばかりを呟いているようになった。

その独り言を聞き取ろうと耳を近づけても、全く理解できない言語を呟いているようにしか聞こえず、何を言いたいのかすら理解できなかった。

さすがにそんな状態でひとり留守番をさせる訳にも行かず、夫婦で話し合った末、彼女が仕事を辞めて専業主婦に戻り、義母の介護をすることになった。

義母は寝ている時間がどんどん長くなり、一日の大半をベッドの上で過ごし、ベッドから出るのは食事の時だけという生活になっていった。

時折、義母の部屋からガタガタという地震のような揺れを感じたが、彼女が確認しに行くと既に揺れは収まっており、義母は何事もなかったようにぐっすりと寝ているということが続いた。

生気もなく寝てばかりいる義母を見て、彼女も、人間というのはこうやって年老いて死んでいくのだな、と少ししんみりとしてしまったそうだ。

しかし、義母がずっと寝たきりになっているというのは、彼女の思い違いだった。

――夜中に誰かが家の中を徘徊している。

それに気付いたのは介護を始めてすぐのことだった。

朝起きると廊下やリビングの壁に、見たこともない文字が黄色い液体で書かれていた。

彼女はいつも夫と同じ寝室で寝ていたので、そんなことができるのは義母以外、考えられなかった。

認知症とはいえ、家の中に落書きをされては堪らない。

ある日の夜、彼女は意を決して義母を注意しようと考えた。

無自覚にそんなことをしているのだとしたら、しっかりと現場を押さえて叱るしかない。

そう考えた夫婦は、寝室で寝たフリをしながら義母が起きてくるのを待った。


スー……バシーン!

すると午前一時を回った頃、義母の部屋の引き戸が勢いよく開く音が聞こえた後、足音が廊下へ出てくる。

ペタッペタッペタッペタッ……。


足音は廊下へ出て、リビングに向かって歩き出した。彼女たちが待ち構える寝室の前を通り過ぎたのがわかった。

彼女と夫は静かにドアを開けて、廊下を歩いていく義母の後ろ姿に声を掛けようとした。

「ひぃぃ……」

しかし義母の後ろ姿を見た刹那、そんな気持ちはどこかへ吹き飛んでしまい、悲鳴を呑み込むだけで精一杯だった。

歩いていく後ろ姿は全く義母には見えなかった。

義母の背丈は彼女と同じくらいのはずだった。

だが、その身長は明らかに彼女よりも大きく、廊下の天井にも届きそうだった。

それだけではない。

その歩き方といい、真っ黒な獣のような後ろ姿といい、全く別の何かにしか見えなかった。

彼女と夫は静かにドアを閉めてベッドの中に戻り、朝まで一睡もできずに震えているほかなかった。

朝になり、恐る恐る様子を確認しに行くと、義母はいつものようにベッドで寝ているだけ。

しかし、夫婦そろって幻覚など見るはずもない。

翌日、義母をデイサービスにから送り出してから、夫と二人で義母の部屋を細かく見て回った。

すると部屋の中からは、あの時お土産に貰った「悪魔の体毛」の臭いが充満しており、床やベッドのフレーム、敷毛布などには、リビングに書かれた訳の分からない文字の落書きが見つかった。

そのどれもが黄色く得体の知れない液体で器用に書かれていた。

嫌な予感がした彼女は、家の至る所に落書きされた文字が、どこの国の言葉なのかを懸命に調べたという。

辿り着いた答えはヘブライ語。

断言はできないがとにかく文字の一つ一つが酷似していた。

どうして義母がヘブライ語を？

そう思っていた矢先、二階で洗濯物を干していた彼女の眼前に、珍しく起きてきた義母がやってきた。

どうしたんだろうか？

何か用事でもあったのかな？

そんなことを思って見ていると二階へと上ってきた義母はそのまま窓を開けて外へと飛び出した。

ふらふらとしか歩けなかったはずの義母が、窓のサッシの枠に足を掛けるとそのまま勢いよく窓の下へと身を投げたのだ。

えっ……なんで？

どうして自殺なんかするの？

頭がパニックになり、それでも慌てて窓に駆け寄り眼下へ視線を向けた。

すぐに救急車を呼ばなければ！

そう思いながら。

しかし、飛び降りた義母を見た彼女は絶句した。

彼女の目に映ったのは、アスファルトの地面の上に立ってこちらをニヤニヤと見ながら気持ちの悪い笑みを浮かべる義母の姿だった。

義母は二階の窓から飛び降りて、怪我ひとつしてはいなかった。

そんなことが人間にできるのか？

さすがに恐ろしくなった彼女は夫と相談し、義母をデイサービスではなく本格的な介護施設へと入居させた。

本来なら毎日義母のお見舞いに向かうつもりだったが、その頃の彼女には義母という存在が既に以前の義母ではなくなっているのではないか？　という疑念が強くあり、義母は恐怖の対象でしかなかった。

だからお見舞いに行くのも、夫と一緒に行ける週に一度程度になってしまっていた。

介護施設に本格的に入居してからの義母は一気に衰えていった。

それこそ本当の寝たきり状態になり、介護施設に併設されている病院へすぐに移送された。

「もう、それほどもたないと思います……」

病院からそんな連絡を受けて、親戚や彼女達も入れ代わり立ち代わりで義母を見舞った。

義母は人工呼吸器を付けられ、体中に沢山の管が取り付けられた状態だった。

しかし、それ以上に異常だったのは、義母の体がほとんど動かせないように拘束具で固定されていたこと。

医師や看護師に聞いてもその理由ははっきりとは教えてもらえなかったが、彼女達にはすぐにその理由が理解できた。

危篤状態で昏睡している義母は、三〇秒くらいの周期で苦しそうに寝ている顔と、ギラギラとニヤついた顔を代わる代わる見せてきた。

その時の顔は、義母とは全く別人のものであり、聞いたこともない言葉で彼女たちを罵るように叫び続けた。

そんな日が続いたある日の夜、誰にも看取られず義母はこの世を去った。

その死に顔はとても邪悪なもので、義母とは似ても似つかぬ死に顔だったそうだ。

それ以後、どうやら介護施設でも病院でも、義母が入っていた部屋は開かずの間として誰にも使わせないようにしているそうだ。

義母の退去後、施設や病院で何が起こったというのか？

その理由は彼女も話してはくれなかった。

彼女夫婦もまた、それまで住み慣れた家を今月中に引っ越してしまう。

獣害

三毛別での事件が有名だが、日本という国にはヒグマやツキノワグマという獣が生息しており、それらと共生している関係上、獣害がなくなることはないのかもしれない。

明らかに人間よりも強いそれらの獣は、ちょっとしたきっかけで雑食から肉食一辺倒に変わり、人間は単なる獲物であり餌になってしまう。

一〇年ほど前は獣害と聞いてもあくまで遠い世界の話という感覚が強かったが、昨今のクマによる獣害事件の発生件数を見ると、既に獣害という恐怖はすぐ近くに存在しているのだと改めて思い知らされる。

人間に危害を加えたり、殺して食べてしまったクマに対しても「かわいそう」とか「どうして射殺するんだ」というクレームが必ず入るようだが、例えば自分の家族、妻や子供、そして親がクマに殺され食べられてしまうという状況になった時、冷静に道徳的な文言を唱えていられるだろうか？

開発による自然破壊、観光客が安易に餌を与えてしまうなど、人間側に問題があることも確かだ。

しかし相手は猛獣であり、もう既に人間の味を覚えてしまった猛獣なのだ。

人間を怖い相手とは捉えておらず、簡単に殺せる獲物としか認識してはいないだろう。

私ならすぐに家族の仇を取ろうと考える。

家族が殺されたのだから、殺した猛獣も殺さなくては気が収まらないと思う。

それが当たり前の考え方なのではないだろうか。

相手は猛獣であり、説得も聞かなければ誠心誠意謝ることなどありえない。

改心することもなければ、そもそも人間を殺したことなど意にも介していないのだから。


東北に住む矢田さんは三〇代の会社員。

県名も出さないで欲しいというのが彼女との約束でありご理解いただきたい。

既に結婚し、夫と一人息子の三人で賃貸マンションに住まわれている。

彼女には車で二〇分くらいの実家に住む母親がいた。

父親が五〇代で亡くなってからは、ずっと二人三脚で過ごしてきた。

それは結婚してからも変わらず、彼女にとって母親の存在は、かけがえのない拠り所になっていたようだ。

そんなある日、母親は趣味の山菜取りに出かけていき、そのまま行方不明となった。

現場に落ちていた遺留品から、どうやら母親はツキノワグマに襲われたのではないか、ということになり、懸命の捜索が続けられた。

彼女は仕事も家事も手につかず、毎日母親の無事だけを祈り続けた。

一週間後、現場で一頭のメスのツキノワグマが射殺された。

そのクマの胃の中から、母親の髪の毛や体の一部が発見された。

その時の彼女の悲しみと絶望感は想像に難くない。

ずっと部屋に籠り、泣き続けた。

やがて悲しみの涙が怒りの涙に変わった頃、彼女はある決心をしたのだという。

——お母さんの仇をとる。

お母さんを食べたのだから、今度は私がお前を食べてやる……と。

とても正常な思考とは思えないが、実際にそのような状況に置かれた彼女の心中は、俺などに計り知る由もない。

彼女は方々に手を尽くして、なんとか母親を食い殺したクマの肉を分けてもらえるようにお願いした。

勿論、意外な顔をされたようだが、彼女の顔はとても冗談を言っているようには見えず、その場にいた猟師たちも首を縦に振ることしかできなかったようだ。

そうしてなんとかクマを食べることで本懐を果たすと、彼女の怒りは不思議と落ち着いてきた。

しかしどうだろうか？

自分の子供を殺した母親は鬼になると聞く。

では母親を殺したクマの肉を食べるのはそれとは違うのか？

これから書いていくのはその答えなのかもしれない。


そのクマの肉を食べてから、彼女は毎夜悪夢にうなされるようになった。

夢は突然始まる。

草木の上から突然黒く太い、毛むくじゃらの腕が彼女の頭に振り下ろされた。

頭頂部に鋭利で太い爪が突き刺さり、それはそのまま顔の上半分を引き裂いていく。

自分の眼球が飛び出して垂れ下がり、皮膚が強引に剥がされる。

鼻もなくなり、上唇が垂れ下がる。

しかし不思議と意識があり、痛みは感じない。

それでも体はピクリとも動かせず、そのまま彼女に圧し掛かるようにクマが覆いかぶさってくる。

激しい鼻息と濃厚な獣臭、そして大きく開かれた口が近づいてきた後には、くちゃくちゃという咀嚼音が大きく聞こえてきた。

ああ……自分はクマに食べられてるんだ……。

相変わらず一ミリも痛みは感じず、それ故に意識を失うこともできない。

そして、クマの大きな口が自分の顔に噛みついた瞬間、いつも夢から覚めた。

毎晩そんな悪夢を見るようになって気が付いたことがあった。

これはお母さんが死に際に見た光景なのではないか？

だとしたら……どうして？


しかしそんな悪夢も五日間ほどで終わりを告げた。

その後に待っていたのは、家中に充満する獣臭。

それは夢の中で嗅いだクマの獣臭そのものだった。

その獣臭は彼女だけでなく、夫や息子もはっきりと認識しており、思わず部屋やマンションの中にクマが潜んでいるのではないかと、警察に連絡したほどだそうだ。

勿論、部屋やマンションの中にクマが潜んでいることもなかったし、そもそもその獣臭はマンション全体ではなく、あくまで彼女が住む部屋だけで認識できるものだと知ることになった。


それから彼女は、さらに大変な災難に遭うことになった。

別に山に入った訳でもなかった。

いや、そもそも彼女は母親の獣害事件以来、山はおろか、野生動物がいるような野原や田舎にさえも近づけなくなっていた。

それなのに彼女はクマに襲われてしまった。

夢で見た光景のように顔をクマの爪で引っ掛かれ、無残な姿になった。

すぐに助けが入り命に別状はなかったそうだが、それでも彼女の顔は修復が困難なほどの状態であり、現在では部屋から一歩も外に出られない生活を送っている。


ここにひとつの怪がある。

彼女が顔に大怪我をして病院に入院している際、毎晩のように枕元に亡くなった母親が立ったのだそうだ。

母親は怖い顔で彼女を睨みつけては、首を横に振っていた。

それは七日間続き、八日目の夜以降は現れなくなったそうだ。
母親は彼女に何を言いたかったのか？
それはきっと——彼女にも永遠に分からないのかもしれない。

蟲《むし》の地

都内の法律事務所で秘書をしていた二十代の真希さんから伺った話である。

真希さんが大学三年生の頃、梓《あずさ》さんと言う、同じ学部の友人がいた。

梓さんは美人で華やかな人だったが、地味で真面目な真希さんとはなぜか気が合った。

ある日、真希さんが何かいいバイトはないかと、大学の売店前で求人誌を見ていると、

「近所の公園の前に可愛いカフェができてバイト募集してたよ。あそこなら、真希ちゃんも気に入るかも。一緒に行ってみない？」

そう梓さんから提案された。梓さんは、三年生になってすぐに実家から大学の近くのアパートに引っ越しをしたおかげで、大学周辺の地域事情に詳しい。

早速、二人でそのカフェに行き、店長に会うと、梓さんを見た途端に嫌な顔をする。

「あなた、この前も来たよね？　もう募集は終了って言ったはずだけど？　何度も来ないでね。忙しいんで」

そう言うと、ムッとしたまま奥に引っ込んでしまった。仕方なく店を出た後、

「あの人怒ってたけど、人違いだよね？」

真希さんが言うと、

「――最近ね、こういうことがよくあるの。本当に最悪なんだけど」

梓さんは、怒りを込めて呟く。どういうことかと訊くと、大学の近くに引っ越しをして以来、梓さんと良く似た人間と行動範囲が被って、非常に迷惑しているという。

最初は、梓さんと同じ中高から、この大学に進学した友達の一言だったそうだ。

「店長、怒ってたよ。あの子を連れて来いって言われて、私、困ってるんだけど」

大学の食堂でいきなりそう言われた。だが、梓さんはさっぱり意味がわからない。

「え？　ごめん、何のこと？」

思わず訊き返すと、友達は怒りを露わにして、

「大学の中だからシラばっくれてるの？　北口のキャバクラの体験入店に来てたじゃん。なんか異常にツンツンして、お客さんにも絡んでたけど、私に迷惑かけないでね！」

そう言って去っていく。梓さんは、キャバクラにも体験入店にも全く身に覚えがない。

「彼女が夜のバイトしてるのも初めて知ったの。でも、九年近く一緒にいる子が見間違うんだからよっぽど似てるってことでしょ？　それに色々やらかしてるみたいなんだよね」

大学の帰りにゲリラ豪雨に遭い、梓さんが雨宿りにドーナツ屋に入ると、

「よお！　この前、酷くない？　あんなに奢ってやったのに」

知らないサラリーマンが親しげに顔を近づけてくる。ひたすら無視していると、男は舌打ちをして去って行ったが、この様子を彼氏の部活仲間に見られていた。

梓さんの彼氏は、ラグビー部の主将でプライドの高い人だ。キャバクラの件も耳に入っていて、『そういう噂の立つ子は、俺に相応しくないから』と言われてしまったそうだ。

梓さんは、絶対に自分ではないと彼を説得し、なんとか気を取り直して貰ったと嘆いた。

この一連の話と梓さんの暗い表情に、真希さんは嫌な胸騒ぎがした。

悪い予感は当たり、梓さんはその日を最後に大学に来なくなった。ラグビー部関係の噂によると、梓さんの浮気が原因で別れ話になり、彼の前で自殺未遂をしたらしい。

真希さんが心配して気を揉んでいると、やっと梓さんから連絡が来た。

「私ね、Y県の年上の人と結婚することになったの」

そう弾んだ声で言う。真希さんは驚愕し、まずは会って話そうと説得すると、

「今週でアパートを引き払うから、良かったら今日、部屋に来て」

そう言われ、雨の日だったが真希さんは急いで梓さんのアパートに向かった。

梓さんの部屋の前に着くと、ドアの前の床に、何か黒いモノがいる。

黒くて尻尾の長いトカゲのような生き物が、頭を上げて部屋の前からじっと動かない。

（イモリ？　ヤモリ？）

イモリやヤモリは見ると縁起がいいと言うが、真希さんは、なぜかこの生き物に部屋を見張られているような、不気味な感じがしたという。

久しぶりに会う梓さんは、片足を引き摺るようになり、随分とやつれていた。

梓さん曰く、ついに彼氏から他の男と腕を組んで歩いているのを見たと言われ、身の潔白を示そうと、泣きながらマンションのベランダから飛び降りたのだという。

足の骨折だけで命は取り留めたが、彼からは〈もう二度と関わりたくない〉というメッセージを最後に返信もなく、すべてが嫌になって、大学も退学してしまったそうだ。

「それでね、ついに私にそっくりな女を見つけたの」

病院を退院した日、バスから何気なく外を見ていると、あの公園の入り口に自分と髪型も顔立ちもそっくりな女がベンチに座っているのを偶然、見つけた。

急いでバスを降り、必死に松葉杖をついて公園へ行くと、もう女はいない。

「あの女を捕まえて、証拠の写真を撮ったら、彼とやり直せるんじゃないかと思ったの」

その日から、女を待ち伏せするために、梓さんは公園へ通うようになったという。

「でもね、そこで、本当の運命の人と出会えたの」

梓さんは幸せそうに微笑む。

最初は、よく小学生の男の子を連れて公園に来ているお父さんがいるな、としか思わなかったそうだ。

男の子はいつもプラスチックの虫カゴを持っていて無邪気に虫を捕まえては中に入れている。ベンチから梓さんがぼんやりと眺めていると、

「イモリのオスだよ。今はこの子のえさを集めてるの」

そう言って男の子が見せに来てくれた。薄く水を張った虫カゴの中に、腹が赤くて背の黒い、十五センチくらいのトカゲのようなモノがいる。赤腹イモリという種類らしい。

それからその子の父親とも話すようになり、二人は車で三時間も離れたY県からわざわざこの公園に来て知った。思わず理由を聞くと、ここは亡くなった奥さんと最後に来た場所なのだという。

家族三人でこの公園に来て、奥さんが買い物に出た途端、そのまま交通事故に遭って亡くなってしまったという。

どうしてそんな辛い場所に――と梓さんが思っていると、

「妻が亡くなってから、このオスのイモリの番《つがい》だったメスも死んでしまって……。お互いに寂しいモノ同士、この公園に来る時は必ず連れてきているんです。イモリは互いに求め

合う気持ちが強い生き物で、山を越えても探し合い、焼かれて煙になっても空中で愛し合うそうですよ。僕も息子も同じなんです。この辛い場所に妻の最期の気配を探しに来てしまうんでしょうね」

そう言って、淋しそうに笑った。

何度もこの父子に会って話すうちに、梓さんは同情が愛情に変わっていき、元彼への葛藤も消えて、この人と一緒にいたいと強く想うようになったという。

九歳の男の子のママになれることも嬉しくて仕方ない、と幸せそうに語る梓さんに対して真希さんはもう、祝福するしかなかったのだそうだ。

結婚した後の梓さんは、昼夜掛け持ちをしてガムシャラに働き始め、連絡をする暇もないらしく、真希さんとは年賀状だけの簡素な付き合いになった。

それから数年経った、ある年のこと。

真希さんの送った年賀状の返事は、梓さんの死を知らせる喪中ハガキだった。

驚いて梓さんの嫁ぎ先へ電話をすると、

「梓が生前は世話になりました。運転中に急に心臓発作を起こして、本当に残念です」

初めて話す梓さんのご主人は、沈痛な声を出す。

もう、半年も前に身内だけで葬儀もすべて終えていて、納骨も済んだと言う。

真希さんがせめて、来週にでもお線香を上げに行きたいと言うと、少し躊躇しながら、

「実は、言いにくいんですが、私、再婚しまして……。来週は新婚旅行で不在なんです」

真希さんは二の句も継げず、怒りを通り越して、呆然としたという。

さらに、墓は家の敷地内だが、不在中に勝手に線香を上げて貰って構わないと言う。

翌週、真希さんは、特急を乗り継いで、哀れな梓さんの眠る墓へと向かった。


梓さんの家は、駅から更にバスで二時間もかかる、霧の濃い、寂しい山里にあった。

だが、家は想像よりも豪華な一軒家で、こんな山の中にあるような家ではない。

門を入ってすぐに、墓はあった。それも、建てたばかりの新しく立派な大理石の墓だ。

真希さんが線香を上げていると、両親の新婚旅行の留守番をしているのか、家から中学生くらいの男の子が出てきた。墓の前に来ると、

「お母さんも、次のお母さんも、その次のお母さんも、みんな死んじゃいました」

ニヤニヤと笑いながら真希さんの顔を見ると、また家の中に戻っていく。

(えっ？　次の、その次のお母さんって……)

入れ替わりに中年の女性も出て来る。

お隣の奥さんだと名乗るこの女性は、真希さんの遠方からの墓参を労いながら、留守中の一切を頼まれているのだと言って、ニヤリと笑う。真希さんは遠慮がちに聞いてみた。

「あの、もしかして、梓さんは三番目の奥さんだったんですか？」

「そうですよ？一人目は平屋を建て、二人目はその上に二階屋を上げて、三人目はお墓を建て、今の奥さんは、新しいお社を建ててくれるんじゃないかしら」

そんなことも知らないのか、というように微笑みながら奥さんは、指を差す。

お社とは、墓のすぐ隣にある、井戸に祀っている木の社のことらしい。

大きな土管のような丸い井戸が地面から突き出ていて、その上を鳥居が跨いでいる。

その井戸の向こう側に、ブリキ屋根の小さな木製の社が低い石段の上に祀ってある。

ぴたりと閉まった扉の前には、歯が赤く錆びた鉈《なた》が一本、なぜか置いてあった。

よく見ると、鳥居の柱の上にも、井戸の周りにもうじゃうじゃと黒い生き物が歩いている。どれもみな、腹が赤く、背が黒い。以前、梓さんの部屋の前で見た。多分、これが梓さんの言っていた赤腹イモリだ。

お隣の奥さんは、のそのそ歩いていた大きな黒いイモリを一匹、掴み取った。

「そろそろ夕餉のお供えをしないとならないんで……」

そう言って、社の鉈を手に取ると、イモリの両手、両脚、尻尾を鉈でズバっと断ち切ってしまった。切られた手足や尾は、ヒクヒクと地面で蠢いていたが、黒くて小さな人型になって立ち上がり、石段の影に逃げて行った。

真希さんは信じられないような光景に「イヤぁぁ！」思わず悲鳴を上げた。

お隣の奥さんは、ごく当たり前の出来事のように、全く動じていない。

そして、丸太のようになったイモリを井戸の中に放り込んだ。


すると、井戸の中からゴオン、ゴオンと何かの音がしてくる。

大型の生き物が、井戸のコンクリートの筒に体当たりをしているような音にも思える。

〈おい〉とか〈ウー〉とか〈こんにちは〉〈アハハ〉〈ねえ〉というような人間の声も井戸の底から微かに響いてくる。

真希さんは、その中に梓さんの声があるような気がして血の気が引いた。

(梓はこの井戸に突き落とされ、中で生きているのではないか？)

思わず井戸に駆け寄り、縁に手をついて中を覗く。

だが、井戸の中は、どこまでも続く――漆黒の闇があるだけだった。

お隣の奥さんは、何をやっているのだ、というように眉を顰めて、

「そこに梓さんはいませんよ。お墓の中です」

そう告げると、足元にいたイモリを捕まえて、赤い腹を上にして真希さんに見せる。

そのイモリの真っ赤な腹の上には、『真希』と読める黒い斑紋があった。

「えっ？　どうして……？　なんで……」

真希さんはガクガク震えながら、一歩、二歩と後退りをする。

「この辺りの年寄りは、イモリの赤腹には南無阿弥陀仏と書いてあると言うんですがね。あら、もしかして、誰かの名前に読めますか？　まさか、貴女の名前ですか？」

お隣の奥さんは、ゾッとするほど冷たい声で言う。

「もしそうなら、井戸のオスイモリに見初められた証拠ですよ。この井戸は未婚の娘には絶対に覗かせないんですがねえ。あなた、勝手に飛びついて、覗いちゃったでしょ？」

困ったもんだというように呆れた顔をすると、お隣の奥さんは、また鉈を掴んだ。

自分の名が腹にあるイモリが鉈でブツ切にされる音を背後に聞きながら、真希さんは泣きながらバス停に向かって走り出したそうだ。

墓参から帰ってきて、真希さんは思い出したことがあった。

春に梓さんが新しいアパートに引っ越してすぐ、転居祝いを三人でした日。

梓さんの運転で、まだ仲が良かった梓さんの彼氏と三人で食材を買って戻ってきた時だった。

駐車場に前方駐車しようとすると、地面にチョロチョロと動く、黒い生き物がいた。

だが、梓さんは、存在を無視して無頓着に轢き殺した。

さらに、車から降りた彼氏は、汚いモノのように死んだ黒い生き物を足で蹴ると、すぐ側のマンホールの穴に落としてしまったのだ。

(——今思えば、あれは赤腹イモリだったんだ)

梓さんの元彼は、ラグビーで採用された企業を退職し、一切、消息不明だという。

「あの井戸の底で、壁に体当たりしていたような音は、もしかしたら元ラクビー部の彼だったのかもしれないなって。そういえば、彼みたいな声も聞こえていたような気もするんです。でも、二度と関わらないほうがいいですから」

真希さんはそう言うと、笑顔で公園のベンチから立ち上がり去っていった。

奇妙な集落

東京に住む和島さんは二〇代の会社員。

趣味はバイクで全国各地を回り、キャンプすることだという。

そんな彼が一昨年に体験した奇妙な話を聞いたので、ここに記す。


その日、彼は連休を利用して岐阜県へといつものオフロードバイクで出かけた。

当てもなく自由気ままにバイクを走らせ、その日キャンプを張る場所を見つけるのが彼のスタイル。そもそも彼がバイクの免許を取ったのは、車でのキャンプに限界を感じていたからである。

以前は、車に大掛かりな荷物を積み込んでキャンプへと出掛けていたが、車だとせいぜい行けるのはきちんと管理されたキャンプ場。

そういう場所では水道もあればトイレもあり、あらかじめテントを張る平坦地まで用意されていて便利なことこの上ないのだが、あまりに快適すぎるキャンプに、ふと疑問を感じたのだという。

もっと誰も立ち入らないような大自然の中で、不便さを知恵と経験で乗り越えながら一人きりを満喫したいと考えたようだ。

郡上市に入ったタイミングで彼はバイクを山道へと走らせる。

山道を走り始めて三〇分くらい経った頃だった。

道はどんどん細く荒れた様相になっていき、バイクの運転にも不安を感じ始めた矢先、突然彼の目の前に開けた空間が現れた。

畑や田んぼが広がり、その真ん中に二〇軒ほどの集落が見えた。

いつもならできるだけ人の住んでいる場所を避け、どんどん山奥に向かうところだが、その時はなぜか、彼の好奇心のアンテナが反応してしまった。

彼は静かにバイクを走らせると、集落から少し離れた場所に停止させた。

ヘルメットを脱いでミラーに引っ掛けると、人差し指でクルクルとキーを回しながら慎重に集落に近づいていく。

もしも誰かに出会ったら、軽く挨拶くらいはしよう。そんな心づもりで集落の中をキョロキョロしながら歩く。

家々はすべて、昭和の時代に建てられたような古い造りのものばかりだった。

それにしても静かすぎた。

この集落は既に誰も住んでいない廃村なのだろうか？

いや、それとも違う。廃村にはそれなりの雰囲気があり、色々な物が朽ちていく独特の匂いがある。彼はこれまでキャンプ経験で、そういったことがわかるようになっていた。

人が住まなくなった家は驚くほど速く朽ちていき、それらの家々が集まった集落には、まるで時間が止まっているかのような異質な雰囲気が漂うものだ。

この集落にはそうした空気感は微塵もない。

今すぐにでも誰かがひょっこり家の中から顔を出してくるような生活感が漂っていた。

なぜか無性に気になってしまった彼は、

「ごめんくださ〜い。誰かいませんか〜？」

そう声を掛けながら集落全体を一軒一軒見て回った。

その際、すべての家々の玄関の引き戸に、鍵が掛かっているのを確認した。

彼の声に呼応する返事もない。

（やっぱり気のせいか。誰も住んでないや……）

諦めた彼は、先程停めたバイクの所へと戻っていった。

道の両脇に広がる畑へなんとなく視線を向けた瞬間、彼は思わず足を止める。

畑にはなぜか作物が実りかけになっており、明らかに人の手で世話をされている様子が窺いしれた。

しかし彼が唖然としたのはそれではなかった。

確かに今現在この集落に住んでいなくても、以前の住人達が通いでやって来て、畑の世話だけをしているというのもありえない話ではない。

彼が驚いたのは畑の全体像だった。

畑には一列にひとつずつ、土が盛り上がっている場所が存在し、畑を囲むように無数の案山子《かかし》が立てられていた。

盛り上がった土には何やら木の札らしきものが立てられており、彼の経験と知識上、それは土饅頭《どまんじゅう》……つまり、土葬された墓にしか見えなかった。

畑に立てられた案山子も異様だった。

まるで人を串刺しにしたようなリアルな顔の案山子が、畑を取り囲むように隙間なく畑の外周に立てられ、そのすべてが盛り土の方を睨んでいた。

彼の目にはそれが、土葬された遺体を外へ逃がさないように見張っているように見えてしまった。

なんなんだ……これは？

気持ち悪すぎるだろ……・。

そう思った彼は急いでバイクに駆け寄ると、その場から離れようとした。

しかしなぜかバイクのエンジンがかからなかった。

セルとキックの両方で始動を試みたが、何をやってもうんともすんとも言わない。

整備の知識もあった彼は必死にバイクを確認したが、どこにも異常は見つからず、更に携帯までもが圏外を表示していた。

彼は仕方なくバイクを押して引き返すことにした。

この気持ち悪い風景を見てしまっては、一刻も早くこの集落から離れたかった。

しかし、山に入ってから走って来た道のりと時間を思うと、明るいうちに山を下りきることは不可能だろう。

仕方なく、集落からできるだけ離れた場所で、視界が開けている川のそばを必死に探す。

そうしてなんとか日が暮れるまでにその日のキャンプ地を見つけた彼は、そそくさとテントを張り、夜を明かす準備をした。

先程見てしまった光景を思い出さないように、意識的に陽気に過ごす。

真っ暗な山の中でキャンプをし、大声でくだらない駄洒落を口にする自分が少し滑稽ではあったが、それが功を奏して早い時間に寝袋に包まりそのまま眠りに就くことができた。

ところがその夜、彼は何度も同じ夢を見てしまう。

夢の中でも現実同様、彼はテントの中にいた。

突然外から聞こえた声にビクッとなる。

外からは数人が読経を唱える低い音の群が聞こえた。

声はどんどん増えていき、やがて大勢での読経になった。

……まるで通夜の夜のように。

汗びっしょりで飛び起きて夢だったのだとホッとしてまた眠りに就く。

一晩中そんなことを繰り返しているうちに、ふと体に重みを感じて目を開けた。

既に夜は明け、頭上にはどんよりとした曇り空が広がっていた。

次の瞬間、彼は自分の体に土が被せられていることに気づき、慌てて土を払いのけてその場に立ち上がった。

よく見ればそこは、あの畑。彼は例の畑の土に、半分ほど埋められていたことを悟ってぞっとした。

恐ろしさのあまり、何も考えられないまま昨夜キャンプを張った場所まで命からがら走り通す。

キャンプ地は彼が消えただけの状態で、そのままそこにあった。

真っ先にバイクに飛びつき、跨る。幸いすぐにエンジンはかかり、彼はキャンプ道具を放置したまま、逃げるように走り去った。

その後は特に問題もなく、無事に街へと下りてくることができた。

安宿で一泊した彼は、翌日には少し恐怖心が和らぎ、もう一度その場に戻って放置してきたキャンプ道具を回収しようと決心した。

ところが――。

あの集落自体が忽然と消えていた。

残してきたキャンプ道具は、まるで遠い昔にうち捨てられたゴミのごとく朽ちて、ズタズタの状態で地面に半ば埋もれていた。

その日はしっかりと携帯も使用できたし、あれ以来バイクのエンジンがかからなくなることもなかった。

自分は過去の時代の集落に迷い込んでいたのではないか？

狐にでもつままれたような体験だったが、どうやらそれで終わりではなく、怪異はここから始まるのかもしれない。

あれ以来、彼の夢にあの気持ち悪い案山子が頻繁に現れるようになったのだ。

そして部屋には気が付くと、身に覚えのない土が撒き散らかされていることがあるそうだ。

彼は何を見てしまったのか？

そしてこれからどうなってしまうのか？

俺には到底この結末は分からないが、とりあえず彼には、霊験あらたかな神社やお寺でのお祓いと除霊をお勧めしておいた。

単なる噂

天田さんは現在大阪府に住む四〇代の主婦。

元々は鳥取県で生まれ育った彼女は、一一歳の時に大阪に住む親戚の元に預けられた。

実家からはどうしても離れられない両親が、悩んだ末に彼女一人を叔母の家に預けた。

両親と別れて親戚の家で暮らしていた彼女は、言葉にできないほどの寂しい瞬間を幾つも経験しながら生きていたようだ。

しかし彼女は当時のことを鮮明に覚えている。

どうして両親はまだ小学生の彼女を強引に大阪の親戚に預けたのか？

それ以外の方法はなかったのか？

それらを考えた時、大人になった今では仕方のなかったことなのだとある意味納得しているそうだ。

それは彼女が小学五年の頃に遡る。

彼女の家族が住んでいたのは鳥取県の寂れた田舎の村。

開発が進んでいる区域からかなり離れた山間にある土地だった。

そんな土地には、古くから住み続ける一〇〇軒ほどの家々が一つの村を形成していた。

年寄りが多く子供は少ない。

小学校と中学校が同じ敷地内にあり、高校に進学するには都市部の高校に通うしかなく、徒歩とバスで二時間ほどの時間を要する。

外部とはあまり繋がりもなく、閉鎖的で典型的な過疎の村が彼女の故郷。

それでも彼女には楽しい記憶が多く残っている。

子供が少ない分、学年に関係なくみんなが仲良しであったし、鬼ごっこやかくれんぼという昔ながらの遊びも本当に楽しい時間だった。

そんなある日、彼女のクラスに転校生が入ってきた。

同い年で県内から引っ越してきたという男の子は、彼女たちよりももっと古めかしい服を着ており、とても不思議に感じたという。

そして、転校してきて早々にその男の子が面白い場所へ連れて行ってあげる、と学校中のほとんどの小学生に声を掛けた。

その男の子には不思議な魅力があり、誘われるとつい断れなくなってしまうそうのだそうで、その時にも総勢で三〇～四〇人の子供たちが集まったという。

ただその男の子に案内され辿り着いた場所を見て、ほとんどの子供たちはその場で固まってしまった。

その場所は、子供が背をかがめてようやく通れるほどの小さな洞窟だった。

しかしその洞窟に関しては、誰もが絶対に近づいてはいけない危険な場所だと両親や年寄りから何度も厳しく言い聞かされていた場所だった。

魔物が住んでいる……。

洞窟の中に入ったら二度と親には会えなくなる……。

大人達はそんな脅し文句で子供たちがその洞窟に近づかないように予防線を張っていた。

子供達も、その洞窟には大人達ですら絶対に近づかないようにしているのをよく知っていた。であるから、たいていの子供達はその場から蜘蛛の子を散らすように逃げていった。

しかし、何人かの子供達はその場に残ってしまった。

洞窟の奥には何があるのか、を確かめるために。

結局、その場から逃げ出した彼女には、その後どんなことがあったのかはわからない。

ところが、それからしばらくしてある噂が流れてきた。

ひそひそと、ひとりからまたひとりへと、確実に伝わるように。

——あの洞窟の奥には小さな神社があり、子供が供物として捧げられている。

そんな噂だった。

村には別の場所にしっかりと管理された神社があったし、そもそもそれまで村で行方不明事件など起きたこともなかった。

だから彼女はそんな噂などこれっぽっちも信じなかった。

しかしある日、一学年上の男子が突然亡くなった。

朝起こしに来た母親が死んでいるその子を発見したそうだ。

怖くなったひとりが、その時点で初めて学校の先生に相談した。

ただ不思議な話だが、転校生との話を出した時、教師をはじめ大人達は誰もそんな転校生など知らないと不思議な顔をしたという。

子供達だけが知っている男の子の存在が、大人達を動かすことはなく、そうこうしているうちに次から次へ同じ死に方の犠牲者が出た。

四人目の子供が亡くなった時点で、ようやく大人達も何かがおかしいと気付き、覚悟を決めたのか、数人であの洞窟の奥を調べてみることになった。

そしてその大人達が洞窟から戻ってきてしばらくすると、彼女は突然、
お前もあの噂を聞いてるんだな？

転校生の男の子の姿も見てるんだな？

だったらすぐに大阪の叔母さんの家に行きなさい！

もうそれしか助かる方法はないから！

そう言われたのだという。

両親の泣きながらの懇願に、彼女は何も反論できず翌日には大阪へと引っ越した。

その決断のお陰で、彼女は孤独だが現在まで無事に生き延びている。

勿論彼女と同じように村から出ていった子供も一人や二人ではなく、その全員が今でも無事に生きていることが確認できている。

しかし、そのまま村に残った子供達の生死が全く掴めないのだ。

彼女が村を出てから一〇年も経たずに、両親は立て続けに急逝した。

だから当時のことを両親に聞くことも叶わない。

だが、彼女はどうしても忘れられないそうだ。

あの洞窟を調べて戻ってきた大人達と子供達の親が相談する会合が開かれた直後、村から離れるように告げられた夜、両親の顔は明らかに恐怖で引きつっていたのだから。

そもそも、あの男の子は何だったのか？

なぜ転校生があの洞窟のことを知っており、他の子供達を洞窟へ連れていったのか？

すべてが謎のままだそうだ。

忌み花壇

現在、六十代の梅田さんから伺った話である。


ある年の正月三日の深夜のことだった。

「帰れ！　疫病神はうちに近づくな」

梅田さんは、八十八歳になるお母さんの異様な叫び声で目が覚めた。

普段は介護施設にいるお母さんだが、この正月は本人の希望で久しぶりに自宅に帰って来ていた。だが、環境が変わったのが良くなかったのかもしれない。

お母さんは、二階の窓を開けて、凄まじい形相で道路に向かって叫んでいる。

梅田さんは、認知症を患っているお母さんを頭ごなしに否定しないように、

「お母さん、下の道路に誰か来たのね。大丈夫だから。もう寝ましょう」

そう言って、夜風で冷えてしまったお母さんの背中をさすりながら、声をかける。

まだ興奮しているお母さんをベッドに寝かせ、ようやく窓を閉めようとした時だった。

下の道路に何か白く平べったい物が置いてあるのが見えた。
ハッとして目を凝らすと、鉄柵のついた白いスチールのベッドのようだ。
どうしてこんな物がと驚いていると、ヒョコッと黒いものがベッドの側で動いた。
すぐ横に子供がいる。六、七歳ぐらいの小さな女の子だ。
おかっぱ頭で白いブラウスの女の子が、ベッドのマットレスに手を掛けて立っている。
女の子は、窓から見ている梅田さんに気づくと、顔を上げて笑ってみせた。
驚いた梅田さんは、急いで一階の玄関に下り、コートを羽織って表に出てみた。
だが、もう何もなければ、誰もいない。
白いベッドも女の子も消えてしまった。しかし、梅田さんの胸には、
〈昔、あの子に会ったことがある〉
という思いが残った。
布団に戻って目を瞑ると、ようやく思い出せた。
(――そうだ。あの子は確か『まつの』だ)
梅田さんが、小学五年生の春だった。
小学校から帰ってきた梅田さんは、家の入り口にある階段に腰を掛けて、門の下に咲い

た赤いチューリップの花の写生をしていた。

ふと気づくと、知らない子供が手を伸ばし、チューリップの花びらを触っている。

自分よりもずっと小さい女の子で、学校でも近所でも見たことのない顔だ。

女の子は、梅田さんの横に来て、画用紙に描いているチューリップの絵を熱心に覗き込んでくる。そして、そのまま絵が完成するまでずっと側で見ていた。

梅田さんはそれが嬉しくて、女の子の名前を訊いてみた。

「なんて名前？　どこに住んでるの？」

「まつの」

女の子は小さな声で答えると、遠くを指差す。

「まつのさんって言うんだ。ねえ、のど渇かない？　お水飲む？」

梅田さんが訊くと女の子は、こくんと頷く。

「待ってて。今持ってくるから」

玄関に飛び込むと、台所まで走って、自分用のコップと客用の紅茶碗に水を注ぐ。

そこに祖母が入って来た。

「誰だい？　お友達かい？」

「知らない子。まつのさんだって」

——祖母の顔色が一瞬で変わった。

祖母は慌てて二階へ上がっていくと、道路に面した窓をガラリと開け、下にいる女の子に向かって叫ぶように言った。

「あんた、まつのさんだね。水はうちに帰って飲んでちょうだい！」

普段とは違う、祖母の容赦のない声音に梅田さんは震え上がった。

女の子からの返事は聞こえなかったが、これではきっと帰ってしまう。

急いで玄関から飛び出すが、あの女の子はもうどこにもいなかった。

可哀想なことをした、とあの子が触っていた赤いチューリップの花を見ると、

「あっ！」

思わず声が出た。

悪い病気になってしまったように、赤い花びらに真っ黒いシミが浮き出ている。

葉も溶けたように真っ黒になって萎《しぼ》んでいる。

玄関から出てきた祖母もそれを見ると、血の気が引いたような顔で棒立ちになった。

「おばあちゃん、チューリップがこんなになっちゃった——」

「あの疫病神め！」

憤怒の表情をして、祖母はチューリップを抜くと、近くのドブへ叩き込んでしまった。

いつも優しい祖母の豹変が恐ろしく子供部屋で泣いていると、母がやって来た。

「——本当にまつのって、言ったの？」

小さく頷くと、

「そう……。おばあちゃんにもわけがあるのよ」

そう言って、母は暗い顔をしたまま、口を噤んでしまった。


祖母が急死したのは、確かこの後すぐだった。父の会社の家族旅行に行く梅田さん達を見送って、祖母は一人で留守番をしていた。

旅行から帰って最初に玄関の戸をくぐった父が、風呂場の異臭に気づいた。

祖母は入浴中に心臓麻痺を起こし、湯船の中で溺死していた。

遺体にかけたタオルからはみでた足は、茹蛸のような赤と黒のまだら模様だった。

その強烈な出来事の記憶で、それ以外のことは忘却の彼方に押しやられてしまったのだろう。梅田さんは、女の子と出会ったことをすっかり忘れてしまっていた。

だが、あの女の子の幻か、何かは解らないが、五十年ぶりに道路に姿が現れ、自分を見上げて笑っていたことが不吉に思えて仕方がなかった。

この一週間後のことだった。

介護施設に戻った母が、突然、苦しみ出し血を吐いて倒れた。

すぐに施設では救急車を手配してくれたが、すべてが無駄になった。

方々の病院を当たっても、入れるベッドの空きが一つも見つからなかったという。

遠い他県まで探して漸く見つかった病院に運ばれた時には、既に手遅れだった。

死亡確認だけがされた病院へ向かうと、母の顔は正月の夜と同じ凄まじい形相だった。


葬儀の後、形見分けのために訪れた叔母に梅田さんは思い切って訊いてみた。

「叔母さん、付かぬことをお聞きしますが、まつのって名前に、お心当たりあります？」

叔母は一瞬、ギクリとした顔をした。

「あんたは知らなかったの？　この家を継いだあんたは少しは聞いているかと思ったけど。まあ、もう七十年以上も前の話だからね。この近所の古い人はみんな死んじゃったし、生きていても、もう覚えてる人もいないわねえ」


まだ、終戦から間ない頃の事件だったと言う。

この町内は空襲の焼夷弾の投下を運良く免れ、焼け落ちた家が一軒もなかった。

酷い食糧難の中、闇米をかき集める暮らしでも、我が家の屋根の下で眠れることは大変な幸運だった。

ある春の朝のことだった。

『松野』という家の前に、突然、大きなベッドが置き去りにされているのが発見された。

進駐軍のトラックが深夜に道に投げ捨てて行ったのか、それとも秘匿物資を道に誤って落として行ったのか――。

当時ではまず手に入らない、頑丈な鉄柵が嵌まった立派なベッドだった。

青い縞柄の分厚いマットレスも手垢の一つもなく、ほぼ新品だったという。

これは、とんでもない貴重品が舞い降りたと、すぐに近所は大騒ぎになった。

町内会長だった梅田さんの祖父が、松野家の未亡人に心当たりを訊くと、

「どうしてこんな物が我が家の前に置かれたのか、身に覚えのないことですが、うちは女所帯で子供も小さいので是非、これは頂きたいと思います」

そう言って、四人の娘たちに手伝わせて家の中に運び込んでしまった。

「あれを闇市に流せば相当な食糧になる。町内で山分けにしたらどうか？」

「家の前に置かれていたからと言って、全部、独り占めはないだろう！」

近隣からは不満の声が上がったが、女手一つで四人の子供を育てている松野婦人に同情し、以前から手助けしていた梅田さんの祖父は、なんとか周りを宥めてその場を納めた。

松野婦人は大変な美貌の人だったので、以前から妬みを買うこともあったが、この一件で松野婦人の根も葉もない噂で近所は持ちきりになった。それを知ってか知らずか、松野家は、その日から雨戸の開けたてもせず、一切の近所との交流を絶ってしまった。

子供を含め、誰一人家から外に出て来なくなった。

あのベッドの件を酷く妬む者も多く、隣近所すら誰も様子も見に行かなかった。

だが、一週間ほどすると異常な数のカラスが、松野家の屋根に留まるようになった。

これは、いよいよおかしかろうとなり、隣家の老人が庭から入って様子を見に行くことになった。

老人が庭に面した濡れ縁に近づくと、ひどく血生臭い。

雨戸を蹴破って居室に踏み込むと、松野婦人と四人の娘たちが布団の中で既に冷たくなっていた。掛け布団の上には血の匂いに集まってきたネズミがウロウロと這い回り、大量の喀血の跡が家中にあった。その惨状の中でも、

「あのベッドは血飛沫ひとつ浴びず、まっさらの具合だったから、まだ売り払えるぞ」

そう報告した老人も、その晩には、自身の内臓を吐き戻すような苦しみ方で、大量の血を吐き、そのまま亡くなってしまった。

これはとんでもない疫病が持ち込まれたと町内は騒然となった。

だが、その深夜に松野家から不審火が出て、松野家と隣の老人の家は全焼してしまった。あのベッドが枠だけも焼け残っていないかと皆で探したが、影も形もない。結局、誰が何のために置いて行ったのか、何もわからないままだった。

老人の土地は、遠方の親族がすぐに売り払い、松野の土地には親類一家が越してきた。だが、住み始めた途端、酷く病弱になり、子供が早逝すると無言で引っ越して行った。また別の親類も入れ替わりに越してきたが、病に倒れ、隔離療養所に入ることになった。得体の知れない何かがあの土地には根付いてしまったと近隣は恐ろしがり、松野の土地に関わる人間とは一切の付き合いを拒否した。

「だから——松野って名前はこの辺じゃ誰も口に出す人はいなくなったのよ。みんな、元から松野なんていなかった風にしちゃったから。松野さん所の土地は、とうとう相続人が絶えたとかで、そのまま国有地になったんだけどね」

この話を聞きながら、梅田さんは叔母への形見分けのために、手だけは動かして遺品を整理していた。すると、棚の上からクレヨンで描いた一枚の絵がヒラリと落ちてきた。まだ介護施設に入所したての頃に母が描いた絵だ。

その絵を拾った叔母は、眉間に皺を寄せ、手が小刻みに震えている。

「――お姉ちゃん、ボケちゃっても忘れてなかったのね。それとも、ボケたから墓場まで持っていけなくなったのかね」

叔母は、何だか急に悪寒がしてきたと言うと、青い顔をして帰ってしまった。


叔母が言った言葉の意味を考えながら、梅田さんはクレヨンの絵を眺めてみた。

赤いチューリップの花を手に持った人達が小さな家の周りに描かれている。

手前にいる、母親と二人の小さな女の子が、赤い花を目の前の家に投げている。

家の中には、黒い涙を流して布団に寝ている四人の女がいる。

そしてもう一人、白いブラウスに赤いスカートの女の子が、黒い涙を流しながら窓から手を出している。

よく見ると、赤いチューリップの花は、家の屋根や木の上にも咲いている。

梅田さんはようやく絵の意味がわかった。

(――これは花ではなく、炎ではないのか?)

松野の家は、本当は付け火で焼かれたのではないか、と。

絵に描かれた母親と二人の娘が、祖母と母と叔母、なのだろう。

(――だが、焼かれる間もまだ息があったのだ。あの女の子だけは――)

母の葬儀の後から寝込んだ叔母も、わずかその半月後に亡くなってしまった。

今、その国有地は、誰でも自由に入れる大きな公園の花壇の一部になっている。

だが、その場所だけは咲いた花が黒く焦げたように枯れ始め、花盛りの公園の中にポッカリと黒い正体を晒しているのだそうだ。

梅田さんは、この地に運び込まれた厄災の因果を誰もが忘れ去ってしまった時に、どこかに飛び火し、暴れ出すのではないかと恐れている。

上り口

土地の歴史というのはかなり曖昧なものだ。

不動産会社から聞いたとしてもそれはごく最近だけの歴史。

百年、千年という単位でその土地の過去に何があったのかなど把握できている業者などいないのだ。

その土地で、かつては殺しが行われたかもしれないし、呪われた土地だったのかもしれない。

どれだけ開発され、華やかで日当たりのよい土地だったとしても、その土地の下には恐ろしい歴史が染みついているのかもしれないのだ。

そしてそんな忌まわしい歴史をきれいに消し去る方法など存在しないのだから……。

三重県に住む芳川さんは新興住宅地に夫と中学生の娘の三人で暮らしている。

以前は同じ三重県内の狭い賃貸マンションに住んでいたが、夫の昇進を機に思い切って建売の新築一戸建てを購入した。

その家に引っ越してきてから既に五年近くが経っているが、ほぼ快適で利便性の良い暮らしが続いている。

ただ唯一困っているというか気味の悪い事があるのだという。

それは道路を挟み正面に立っている家。

彼女の家族と同じ頃に中年の夫婦が入居したその家は二階建てのお洒落でモダンな造り。

唯一変わっている点と言えば、二階の壁にドアが剥き出しになっており、外に出られる造りになっている。

まるでアメリカのウィンチェスター・ミステリー・ハウスを彷彿とさせてしまうという。

彼女は最初にその家の奇抜なドアを見て、夫に聞いたそうだ。

「なんで向かいの家には二階の壁にドアなんか付いているのかしら？　あれじゃ間違って事故が起きかねないし、何より呪われた家みたいで不気味だよね？」と。

するとすぐに夫が教えてくれた。

物干し部屋や風除室、そしてテラスなどを作る際には、延べ床面積の税制上の不利を免れるためやスムーズに役所からの建築許可をもらうために、最初にドアだけを作ってお いてその後役所による検査が終わってから、物干し部屋やテラスなど好きなスペースを増築するのはよくあることなのだと。

それを聞いて彼女も納得し、そのドアの先にいったいどんなスペースが増築されるのか、とワクワクしていたようだ。

しかしそのドアの先にいかなるスペースも増築されないうちに、その家のご夫婦は退去してしまった。

その家の奥さんが地面に倒れているのが発見され、二階の壁に付いたドアが開いたままになっていた。

その時刻、夫は会社で仕事をしており、事件性はなかった。

ただ倒れていた奥さんは何箇所か骨折はしていたが、命に別状はなかったようだ。

ただ奥さんから落下事故について一切聞くことはできなかった。

どうやら奥さんは何を聞いても喋ることもできなければ、反応することすらできなくなっており、まるで生きた屍のようになってしまっていた。

そのまま救急車で運ばれていった奥さんが二度と戻って来ることはなく、しばらくして引越し業者がやってくると、その家は空き家になってしまった。

その家に住みだしてからたった一年余りのことである。

しかしあくまで事故であり、死者が出ている訳でもなかったから、次の入居者が引っ越してくるのも早かった。

引っ越してきたのは二〇代の若い夫婦。

とても社交性のあるご夫婦で、顔を合わせるとつい話し込んでしまうほどに仲良くなった。最初に住んでいた中年のご夫婦はおとなしく、寡黙な感じでほとんど話す機会もなかったから、今度は長いご近所付き合いができるかな、と彼女も期待していたという。

しかも、その若い夫婦は入居するとすぐに業者に依頼して、例の壁のドアの外側に物干し部屋を作り始めた。

（これでもう心配は要らないな！）

そう思っていた矢先、物干し部屋を作っていた業者が大怪我をして、救急車で搬送される事故が起きた。

その後も色々とトラブルが続いたが、それでもようやくガラス貼りの物干し部屋が完成した。

ところが、数日後、その物干し部屋は真夜中に突如、轟音を立てて崩れ落ちた。

業者による手抜き工事が原因という調査結果で幕を閉じたが、あれだけしっかりと作られた物干し部屋が台風や嵐でもない夜に、突然崩れ落ちるものだろうか……と、近所でも噂になっていたそうだ。

それからというもの、その家には何か悪いモノが棲みついているんじゃないか……。

そんな噂がまことしやかに囁かれるようになった。

そしてその噂がフラグになってしまったのか、それから二～三か月後に、その家はまた空き家になった。

その家の奥さんが地面に倒れているのが発見された。

壁のドアは開いたままになっており、風に揺れてゆっくりと動いていた。

奥さんに意識はあったようだが、呼びかけに受け答えも反応もできず、すぐに病院へ救急搬送されていった。

最初の奥さんと同じように生きた屍のようになってしまっていた。

そして、またしてもその奥さんが家に戻ってくることはないままに、空き家になってしまった。

二回も立て続けに同じような事故が発生したことで、近所ではその話題で持ちきりになっていた。

次の入居者は見つからないんじゃないか？　という大方の予想に反して、すぐに新しい家族が引っ越してきた。

夫婦と祖父母と男の子が二人という六人家族だったが、やはり一年足らずでその家は空き家になってしまう。

奥さんがまたドアから飛び降りた。

そして今回はドアから飛び降りる瞬間を目撃した者まで現れた。

近所に住む会社員が、偶然その瞬間を見ていたのだ。

奥さんは、まるで何かに導かれるように外に向かって手を伸ばしたまま、躊躇する事無く飛び降りたのだという。

やはり奥さんは生きた屍のようになってしまい、そのまま二度と家に戻ることはなかった。そんな事故はその後も続いており、五年に満たない間に七組の家族がドアから飛び降り、そのまま引っ越している。

不思議なのはその家では同じような事故が頻発しているにも拘らず、空き家になるとすぐに次の入居者が引っ越してくることだという。

今や、彼女はその家の存在が恐ろしくて仕方ない。

立て続けに奇妙な事故が続いているだけが、その恐怖の元凶ではない。

どうやら彼女は、その家で奇妙な光景を見たのだという。

その家に六組目の家族が引っ越してきた時のことだった。

どんな家族が入居してくるのかと興味津々で様子を窺っていた彼女は、二階の壁に付いたドアのちょうど真下に、黒い着物を着た白髪頭の女性の姿を見た。

その女性は見上げるようにそのドアをじっと見つめていたが、次の瞬間、地面に吸い込まれるようにしてゆっくりと消えていった。

その女が幽霊なのか、それとも別のモノなのかはわからない。

しかしその女の姿を見てしまって以来、彼女は向かいの家の壁のドアからの景色が見たくて仕方なくなったそうだ。


あのドアからの景色は素晴らしいに違いない……。

飛び降りたら気持ち良いんだろうな……と。


そんな彼女は夫に説得され、ようやく重い腰を上げて別の土地に移り住む決心をした。

間に合ってくれれば良いのだが。

怨嗟

山口県に住む湯島さんは三五歳の主婦。

二年前に購入した新築の家に夫と二人で暮らしている。

それまでは中古の集合住宅に住んでおり、何かと手狭で雨漏りもしていたが、新居に移り住んでからは快適な生活に変わった。

夫婦二人には広すぎる間取りだったが、持て余すこともなく、趣味の部屋や夫婦それぞれの個人部屋にするなど、どの部屋も開かずの間にならずしっかりと活用されている。

そんな彼女だが、どうやら昨年から気持ちの悪い出来事が続いている。

ある日の午後、彼女が家事を終えてリビングでテレビを見ていた時のこと。

キャーッキャーッキャーッキャーッ！

ワイドショーの音声に混じって、突然甲高い悲鳴のような声が聞こえてきた。

思わずテレビの音量を下げて耳を澄ませると、確かに小さな女の子の悲鳴のような声がずっと聞こえ続けていた。

思わず家の外に出て悲鳴の主を探すが、どこにも泣いている女の子などおらず、そもそも悲鳴すら聞こえない。

おかしいなと思い家の中に戻ると、また大きな声ではないがそれでもはっきりと女の子の悲鳴が聞こえる。

これはどういうことなの?

悲鳴は家の中から聞こえているとでもいうの?

彼女は恐る恐る家の中をくまなく調べた。

しかし悲鳴の主を探し始めると、なぜか悲鳴は止み、何も聞こえなくなる。

おかしいわね……と思いながらリビングに戻ってくると、また悲鳴が聞こえだす。

少し気味が悪くなった彼女は、夫が仕事から帰宅するまでの時間を外で過ごし、午後七時過ぎに帰宅。

いつも通り既に帰宅していた夫に、昼間の出来事を話して聞かせた。

しかしその時にはもう悲鳴らしきものは一切聞こえなくなっており、夫は半信半疑で話を聞いてくれただけだった。

しかし寝室で寝ていた彼女は、またしてもあの女の子の悲鳴が聞こえてきて目を覚ましてしまう。

慌てて夫を起こすと、どうやら夫にもその悲鳴がはっきりと聞こえているようだった。

夫に付いて真夜中の家をくまなく見て回った。

すると二階よりも一階の方が、よりはっきりと大きく、悲鳴が聞こえることがわかった。

しかし真夜中ではそれ以上はどうしようもなかった。

彼女たちは朝方まで続いた女の子の悲鳴を聞きながら、一睡もできずに朝を迎えることになった。

朝になると、既に予定が詰まっていた夫は心配そうに仕事へと出かけていった。

今度の日曜日に徹底的に調べてみよう、という言葉を残して。

しかし彼女は既に恐怖心が頭から離れなくなっており、とてもではないが日曜日まで我慢することなどできなかった。

すぐに住宅メーカーに連絡し、家の中を点検してもらうことにした。

二時間ほど家の外で待っていると、住宅メーカーの営業がようやくやって来た。

彼女は事情を詳しく説明し、家の隅々まで調べてもらうことにした。

すると、床下に異常が見つかった。

床下にはどこにでもありそうな古い人形がいったい、柱に凭れかかるようにして置かれていたという。

そして、人形の傍には既に死んでいる猫とネズミが数体、転がっていたと説明された。

通常ならば床下には通気口があるだけで、猫が出入りできるスペースなどなかった。

いや、それよりも……まだ築二年の家に、誰がその人形を持ち込んで、床下に置いたのだろうか？

そもそもその家は、彼女夫婦が設計段階から携わって完成させた新居。

だから他の人が住んだことなどなかった。

それなのに……どうして？

困惑している彼女に、業者は床下に置かれていたという人形を無造作に手渡してきた。

最初はぼんやりと見つめていた彼女だったが、微かに記憶の奥底でその人形に見覚えがあることに気付いたという。

確か、小学生の時に友達と交換した……洋服を着た女の子の人形。

人形の手足が酷く傷つき、もげそうになっているのを見て、彼女はそれが間違いなく彼女が昔持っていた人形だと確信したという。

それにしてもどうして？

知らないうちになくなってしまった人形だったはずなのに……。

そう思うと、更に気味悪さが増した。

しかしその時は懐かしさが勝ってしまい、あろうことか彼女はそのまま人形を受け取るとリビングに置いておくことにした。

その夜、寝室で寝ていた彼女はパチパチという音と、白い煙に気付いて目を覚ました。慌てて飛び起きた彼女は、急いで夫を起こして寝室から出た。

案の定、家の中が燃えていた。

まだ火の手が家中に回る前だったから、なんとか無事に外へ逃げることができた。外に出て呆然と立ち尽くしていると、どうやら近所の誰かが呼んでくれたらしく、すぐに消防車が到着した。

結局、火事は台所部分を焼いただけで鎮火したため、その後もなんとか家に住み続けられる状態だったが、火事の原因は分からずじまいであり、周囲からは不吉な噂が聞こえてきた。

火事の第一発見者が、燃え上がる台所部分のちょうど真下で、嬉しそうに踊り狂う小さな女の子の姿を目撃していたというのだ。

その小さな女の子というのは、もしかしたらあの人形なのではないか？

彼女は何故かそう思ったという。

どうして自分が幼い頃に可愛がっていた人形がそんなことをするのか？

あんなに可愛がってあげたのに……。

そう悲しくなった。

その瞬間、彼女の脳裏に古い記憶が一気に流れ込んできた。

自分はあの人形を可愛がってなどいなかった。

確かに、友達と半ば強引に交換する前までは可愛がっていたかもしれないが、すぐに飽きてしまい、他の玩具に興味が移ってからは、あの人形にはひどい仕打ちしかしていなかった。

イライラすると人形に当たっていたし、何より愛情なんかこれっぽっちも感じないままに自分の気分次第で、投げつけ踏みつけてばかりいた。好奇心で人形を解剖しようとしたこともあったたし、強引に手足を引っ張ったこともあった。

要は私にとってあの人形は、感情のはけ口でしかなかったのだ。

だからあの人形はボロボロの状態で、手足が千切れかけていた。

それを思い出した時、彼女はもうあの人形は身近に置いておいてはいけない物だ、と確信した。

だからさっさと燃やしてしまい、灰は遠くに捨てようと考えた。

しかし当の人形を探した時、既にあの人形を見つけることはできなかった。
小学生の時に、忽然と人形が消えたのと同じように……。
彼女の家では今でも、寝ている時には甲高い女の子の悲鳴が聞こえ続けている。
彼女を責め続けるように。
そして、呪うように。

火袋《ひぶくろ》

ある病院で医師をしている鹿口君が、後輩の医学生との進路懇話会で語った話である。この話はその後輩医学生から聞かせてもらった。

鹿口君は東京からある地方の医大へ進学すると、入学直後から塾講師のアルバイトを始めたそうだ。

六年間も莫大な学費を払うことになった両親に、自分の食い扶持くらいは自分で稼ぐと宣言したこともあり、サークルや部活よりも、まずはバイトに精を出すことに決めていた。

塾で二十三時まで授業を受け持ち、先輩講師と終夜営業の店に夜食を食べに行くと、午前一時頃にようやく解散になる。

それから、のんびりと夜道を散歩して帰るのが、鹿口君の日々の癒しのひと時だった。

大学は旧い城下町の外れにあり、鹿口君が借りたアパートもかつての町屋が残る、細道の先にあった。黒板塀や竹垣。細い格子戸。夜露に濡れたような青い石畳。

ぼんやりと灯る門灯に照らされた道を歩いていると、現実の煩わしさから逃れて、古き良き時代に迷い込んだような気分になれた。

そんな大学一年生の終わり。春の深夜のこと。

鹿口君が、いつもの道を歩いていると、ある大きな家の二階にふと視線が止まった。

黒い布のようなものが、窓辺の欄干に巻きついて、ひらひらと風に揺れている。

その家の真下まで近づいてよく見ると、それは、髪の長い女が二階の窓から半身をのり出して、欄干に肘をついている姿だった。

(あっ、なんだ、人だったのか)

黒っぽい服装の女が長い髪を夜風に靡《なび》かせ、じっと家の庭を見下ろしている。

顔立ちは見えないが、白い首元から胸にかけての線が、鹿口君には若い女に思えた。


翌日の夜も、バイト帰りにその家に差し掛かると、また同じ女がいる。

長い髪を風に揺らしながら、じっと下の庭を覗き込んでいることには変わりない。

(あの家の庭には何があるんだろ?)

鹿口君は興味が湧いてきた。板塀に囲まれて外からは見えない場所に、あの女の人が見つめたくなる『何か』があるのだ。

塀の切れ目を探すが見つからない。この家の外周は厳重に囲まれていて、中を覗くには塀の上に顔を出すしかないとわかった。

幸い、鹿口君は身長が高いので、背負っているリュックサックを踏み台にすれば目から上だけは塀の上に出せそうだ。

梅の古木が枝を突き出している辺りなら、二階の女から死角になりそうだとも解った。

本の詰まったリュックを道に置き、靴で踏んで背伸びをすると、ついに中が見えた。


雑草に覆われ、荒涼とした日本庭園が広がっている。

塀のすぐ横には、古びた大きな石灯籠があった。

立派な巨石を据えた瓢箪池には赤い太鼓橋も掛かっているところを見ると、おそらく旅館か料亭の庭であるように思える。今は伸び放題の草木で荒んでしまっているが、以前は随分と高級な場所だったのだろう。

梅の枝の隙間に頭を突っ込むと、二十メートル位先の母屋の正面が見えた。

古びた黒い雨戸の前には、それもかなり古そうな木製の大八車が停めてあった。

その大八車の上には赤い布のようなものがこんもりと積まれている。

だが、その赤い布は沈んだり、また盛り上がったりとしきりに動いている。

目を凝らすと、それは板の上に寝かされた、幾人もの赤い着物の女たちの体だった。結った日本髪を乱し崩して、赤い着物から突き出た手足は苦しげに絡み合っている。まるで人間のゴッタ煮を板の上にぶちまけたようになっている。

(何かの病人か?)

鹿口君は医学生的な使命感から、もっと女たちを観察しようと身を乗り出すと、額にぶつかっていた梅の枯れ枝をポキリと折ってしまった。

――すると、急に音量スイッチが無音から最大ボリュームまで一気に加速したかのように、吠えるような叫び声が鹿口君の耳に届いた。

「うおおおおおおっ……」

「……いぎぎぎぐぐぅ……」

人間の断末魔と思しき、凄まじい声が女たちから聞こえてくる。

鹿口君は混乱し、塀から頭を引っ込めようとした、その時だった。

自分の右の頬を高温の風で撫でられたような、激しい熱さを感じた。

「うっ!　熱いっ!」

右を見ると、石灯籠の穴にいつの間にか大きく炎が灯っている。

その赤々と燃える穴の中からは、ニョッキリと白いものが二本突き出していた。

——人の足だ

足首から少し上で切り離された人間の両足だった。

くるぶしから足の甲までの皮膚の白さや爪の小ささから、男ではない、女の足だろう。

火に焚べられた白い女の両足が、薪のごとくジリジリと炙られている。

鹿口君は、これは二階から庭を見ている女の足ではないかと直感的に思った。

「……うちの足……戻してくだぁせ……」

それに応えるように、自分のすぐ耳のそばから、くぐもった若い女の声が聞こえる。

その瞬間、鹿口君は弾かれたように、板塀から飛びすさった。

踏み台にしていたリュックサックをひっ掴むと、メチャクチャに走り出す。

どれだけ走ったかわからぬまま、アパートの部屋に帰り着くと玄関に座り込んだ。

——だが、あれほど怯え、あれほど恐ろしいモノから逃げて来たのに——。

(あそこに戻りたい。あの家に早く帰らなきゃいけない。今すぐドアを開けて、あの家まで駆け出したい)

そんな衝動が込み上げてくる。

鹿口君は震えながら、知る限りのお経、念仏、祈りの言葉を朝まで唱え続けた。

朝日が昇ると一目散に走って大学へ行き、絶対に一人にならないように過ごした。

そして、塾講師のバイトをやっとこなし、夜食中に、この顛末を先輩たちに告白した。

「それは、マズイぞ。すぐに神社にお祓いに行ったほうがいいよ」

「生徒には話すなよ。その家を見に行って何かあったら大変だからな」

「あの細い道って、なんか曰《いわ》くがあんの？　犬の散歩のついでに俺も行ってみようかな」

いつになく場は盛り上がり、居酒屋の老店主も番茶を片手に話に加わってきた。

「あの細道の肘掛け欄干のある家かい？　あそこは昔は大きな妓楼だったたって聞いたよ。料亭に変わってから潰れて、もう長いこと空き家のはずだけどなあ。でもさあ、ああいう所は、女なんか、昔は酷い扱いで死なせたんじゃないの？」

「それなら、鹿口は妓楼で死んだ女をわざわざ見せられたってことか？」

――『わざわざ見せられた』――

先輩の何気ない一言に鹿口君は、ゾッと寒気がした。だとしたら――。

(二階の肘掛け欄干にいた髪の長い女が、自分にあの光景を見せたんだ)

口に出すのが怖くて言えなかったが、あの家に戻りたいという思いは収まらない。

あの女が自分を呼んでいる証拠だと思うと、背筋に冷たい汗が流れる。

「まあ、明日は大学が休講なんで、朝イチで神社に行ってきますよ」

そう言って無理に明るく話を引き取ると、鹿口君は朝までその店で時間を潰し、店主に教えられた、町一番の大きな神社へと向かった。

清々しい朝靄の参道を進み、大きな鳥居をくぐると、土地を守る神に真剣に祈った。

すると、あの家への強い衝動が鹿口君の中からスーッと引いていくような気がした。

(これならひとまず、大丈夫だろう)

そう安心して歩き出したが、参道の途中で、急に足が止まる。

なぜか一つの石灯籠に目が吸い寄せられてしまった。

その石灯籠は、杉並木の参道にずらりと並んでいる他の灯籠と何も変わりがない。

だが、〈これだけは素通りしてはいけない〉という何かの警告を鹿口君は感じた。

その石灯籠の裏にまわってみると、奉納者に関する文字が彫られている。

『昭和五年』『△○楼』『火』『祈』『鎮』――これだけは苔むした石面から読める。

これはどういうことだろうと、しばらく石灯籠の裏にしゃがんで眺めていると、鹿口君の携帯電話に先輩講師の一人からメッセージが届いた。

『犬の散歩のついでに、あの家見てきたぞ！』

あの家の塀の内側へ、カメラをかざして撮ったと思われる画像がある。

梅の古木の下にあった大きな石灯籠の裏側を撮った画像には、

『大正三年三月　△○楼』

それは、今、引き寄せられるように足を止めた、この石灯籠の奉納者と同じ名だった。

神社に奉納された目の前の石灯籠と、画像のあの家の石灯籠。

二つを比べて見ていると、鹿口君はあることに気がついた。

(神社に奉納された石灯籠には、火を灯すための、火袋の穴が空いていない)

石に火袋の枠だけは彫ってあるが、完全に貫通させず、浅く抉るだけに留めてあった。

意図したものか、抉った窪みに厚く苔が生え、火が灯せないことには気が付かない。

あの家で、後年、火袋をあえて無くした石灯籠を神社へ奉納して、鎮魂を祈らないと収まらないほどの何かが起こったのだ。

自分が女に見せられた怪異は、その異変の一端だったのだろうか——。


そして、鹿口君は塾講師を辞め、二年生に進級することなく、大学も退学してしまった。

遠く離れた地方の医大を再受験して卒業すると、救急医になった。

それも火事などの重症の火傷を専門的に診られる救急部の熱傷班に属している。

後輩達に、鹿口君は語る。

「『どうして今の専門を?』と問いかけられると、毎回、自分なりの理由を挙げて話すんですけど……。でも、思うんです。あの女の人への供養の気持ちもあるのかな、って」

鹿口君はその後、あの家が取り壊されたことを昔の講師の先輩から聞いたそうだ。

「でも、まだ居るんだと思います。俺は、今でもあの家に帰る夢を見るんで」

そこで、懇話会に出席した医学生たちは大いにざわついたそうだ。

なぜなら、話を終えるまでの鹿口君の右頬には、真っ赤な火傷の痕があったからだ。

その痕を見て、過去の火傷の体験から今の専門を選んだのだろうと推測し、学生たちは質問をしたのだから。

すべて話し終えた鹿口君の右頬には、もう何の痕もなかった。

今も本人の預かり知らぬところで、女の足を焼く熱風が彼の頬を撫でに来ているのかもしれない。

青ざめた学生たちは、鹿口君の顔面に起こった異変を誰も本人には告げられなかったそうだ。

蛇怨

犬や猫、そして蛇。

動物の呪いというのは厄介なものが多い。

人間には動物の心情などきっと理解できていないのがその原因かもしれない。

そんな中でも蛇の呪いというものは本当に恐ろしく、厄介なものだと認識している。

過去に、後輩を蛇の呪いとしか思えない、悲惨な死に方で亡くしている俺にとっては尚更のこと。

蛇という生き物が人の言葉を理解できるとは思っていないし、感情があるかどうかすら正直なところ分からない。

それでも蛇の呪いとしか説明がつかない悲劇が起こる度に強く思うのだ。

蛇の呪いとは——理不尽で、情け容赦のない、一方的な攻撃であると。

そこには蛇がこうむった怪我や死という事実しか存在せず、弁明も説明も受け入れてはくれない。

そして蛇から放たれる「呪い」という攻撃に対して、我々人間には防御も対処法も存在しないのだろう。

だからこそ蛇の呪いというものは恐ろしく、人間は蛇に遭遇しないように願いながら生きるしか、助かる道はないというのが俺の結論だ。

これは、俺が過去にパニック障害になったことをきっかけに一緒に酒を飲む間柄になった男性医師から聞かせてもらった話になる。

大きな病院の精神科に勤める彼の患者さんに、室島という女性がいた。

重度の統合失調症という診断がくだされ、入院患者となった彼女は、農家の娘さんで年齢は三〇代前半だった。

そんな彼女が精神を病んだのはいつもの農作業の最中。

ギャグガガガガ……。

電動の草刈り機で雑草を刈っていた彼女は、突然聞こえた異音と奇妙な手応えに思わず手を止めた。

恐る恐る刈っていた草地を凝視すると、そこには頭部が皮一枚で繋がっている真っ黒な蛇がいた。

蛇を見ることなど日常茶飯事という彼女だが、その時の蛇はどう考えても普通の蛇ではなかった。

長さは優に二メートルを超え、胴の太さも見たことがないほど太いものだった。

マムシでも青大将でもヤマカガシでもない、初めて見る種類の蛇。

しかもその蛇は、千切れかかっている胴体は忙しなくうねうねとのたうち回っていたが、首から上の部分はピタリと静止し、鎌首を持ち上げるようにしてじっと彼女を見ていた。

……自分は、何か大変なことをしでかしてしまった。

そう直感した彼女は、走って家に戻り、両親にすべてを話した。そして、すぐに両親を連れてその場に戻って来たのだが、既に蛇の姿は消えていたという。

その場には蛇の血も残っていなかったこともあり、家族は、

「おまえの見間違いなんじゃないのか？」

と慰めてくれたそうだが、祖母だけは、

「山の神様の化身かもしれん……とりあえず慰霊のお祈りだけは朝と夕には欠かさんほうがええかもしれんな」

と、進言してくれたという。

彼女は祖母の進言通りに、毎日朝と夕には仏壇に向かい、蛇の鎮魂を祈るようにした。

彼女としても、蛇であれ何であれ生き物を殺したいと思ったことはなかったし、事故とはいえ蛇の胴体を深く切ってしまったことに、心から悔恨の念を持っていた。

しかしやはりそんなものでは蛇の恨みを祓うことはできなかったのかもしれない。

仏壇に向かって祈りだしてから数日後、彼女は蛇の夢を見るようになった。

夢の中では寝ている彼女の前に一〇メートル以上はあろうかという、真っ黒な蛇が鎌首をもたげて現れ、その太く長い胴体で彼女に巻き付き、ぎゅうぎゅうと絞め上げた。

骨が軋み、呼吸すらままならないほどの苦しさの中で、くぱりと開いた蛇の口が頭部から彼女に噛みつき、そのままぐぷぐぷと丸呑みにされていく感覚の中で、彼女はいつも悪夢から目覚めた。

部屋の空気は、ほんの今まで巨大な蛇がいたかのような生臭さで満たされ、彼女の体も至る所がギシギシと痛んだ。

朝になりそれを必死に家族に話したが「精神が過敏になっているだけだよ」という慰めの言葉が返ってくるだけで、誰も彼女の言葉を信じてはくれなかった。

それでも祖母だけは、

「蛇神様を殺してしまったのかもしれんのだから、それくらいは我慢せにゃならんぞ！」

そう言って戒めてくれていたから、彼女もその言葉を受け入、れじっと耐え続けた。

しかしその程度の悪夢で蛇の恨みが晴れることはなかったのだろう。

彼女は何も食べられなくなり、言葉を喋ることもできなくなった。

心配した家族は大きな総合病院で検査を受けさせたが、原因は分からず、結局は俺の知り合いの医師が勤務する精神科の別施設に入院することになった。

入院と言っても普通の病棟ではない、完全なる管理体制の施設である。

もう手遅れで回復が見込めない患者と、普通の看護師には御しかねる、暴力的な患者だけが入れられる場所だ。

そんな施設の中でも、彼女の病状は危険で絶望的なものだった。

何も食べず、言葉も発しない彼女は、その凶暴性と怪力を危険視され、間もなく隔離病棟へと移動させられた。

隔離病棟の何もないコンクリート部屋には、小さな鉄格子付きの窓と、簡易トイレ、そして小さなベッドくらいしかないそうだ。

しかも二四時間、カメラによる監視が続く。

すべては患者の自殺を防止するためのものである。

患者たちはそんな環境の中で何を思い、さらに病んでいくのか?

しかし彼女には、いや「蛇に呪われた彼女」にとっては、そんな地獄こそがまさに棲みやすい環境だったのかもしれない。

彼女は部屋の明かりも点けず、ずっとベッドに横たわり続けた。

そしてようやくベッドから降りたかと思えば、手も足も使わず、床の上を這うように動き出した。くねくねと器用に動き回る彼女は、まさに蛇の真似をしているようにしか見えなかったという。

確かに精神科、特に隔離病棟には様々な症例が見受けられ、キツネや犬、猫、そして蛇などの動物の真似をする者も少なくないという。

しかし、彼女の場合はかなり異質だった。

蛇のような動作自体、普通の人間には到底できるはずのない動きであり、体をくねらせながら高速でコンクリートの床の上を移動するさまは、それだけで背筋が冷たくなるほどだった。

おまけに彼女の場合は、その容姿もどんどんと蛇化していった。

つまり彼女は蛇の真似をしているのではなく、どんどん蛇に変化していると判断されたらしい。

目視ではっきりとわかるほどに、手足が短く退化していくのが観察され、視力も見る見るうちに落ちていき、舌さえもぱっくりと二股に裂けていった。

両手両足の爪はコンクリートの上を移動するせいで一枚また一枚と剥がれていったし、眼球の上に透明な膜のようなものが貼りつき、瞬きすらしない。

皮膚が乾燥して割れ、蛇のウロコのような模様を形成する。

その頃までは何も食べず、水を飲むだけで生きていた彼女だったが、ある時試験的に味付けをしていない、生肉に近い鶏の肉を置いてみたところ、瞬時に飛び掛かり丸呑みしてしまった。

それからは彼女に出される食事は、衛生的に低温加熱した生肉に定着してしまった。

このまま何も食べなければ待っているのは餓死だけ。

そんな現実の中、苦渋の決断として導き出された食事だったようだ。

ずっと何も食べていなかった彼女にはそれなりの量の生肉が食事として提供された。

そんな中で知り合いの医師が見た光景はいまだに忘れられないという。

彼女は大きな鶏の生肉を丸呑みしようと、いとも簡単に自らの顎を外すと、口よりも顔よりも大きな肉塊を易々と呑み込んだ。

そして乾燥した肌が裂け、固い角質のようなウロコになり、爪がすべて剥がれ落ち、口さえも大きく裂けていくというのに、痛みというものを一切感じていないように見えた。

それは絶対に人間には出来ない芸当であり、さすがの彼もこれは精神疾患の範疇ではないのでは？　と自問自答し、恐怖したという。

このまま蛇として隔離病棟の独房で生きていくか、もしくは蛇として秘密裡に死んでいくしかない、と誰もが思っていた。

しかし、ある日を境に、彼女の姿は緩やかに人間へと戻っていった。

半年ほどで元の容姿に戻った彼女だったが、残念ながら視力だけは戻らなかった。

それでも言葉も話せるようになり、普通の食事もできるようになった彼女の回復は、まさに奇跡としか呼べないものだった。

蛇の呪いに打ち勝った……彼女の生命力で。

誰もがそう思ったそうだ。

しかし後日、退院した彼女からある事実を聞かされた。

家族でただ一人、蛇神の祟りを信じていた祖母が、自分が孫の身代わりになると、白装束を着て山の中に入ったのだそうだ。

その後、祖母は二度と帰ってくることはなかった。

遺体も見つからず、足取りさえも掴めていない。

祖母が彼女を救うために山に分け入った日と、彼女が快方へと向かいだした日は明らかに重なる。

蛇の恨み、そして呪いというものは、人の命と引き換えにしなければ償えないものなのだろうか？

いや、俺はこう思う。

今回は一人だけの命で償うことができたのだから、それ自体がまさに奇跡なのかもしれない、と。

悪縁

製薬会社で営業をしている三十代の柏木さんから伺った話である。


ある年の忘年会の帰り道。

柏木さんは、繁華街のタクシー乗り場へと向かっていた。

だが、果てしなく続くタクシー乗り場の行列を見てうんざりしてしまった。

(こりゃ、歩くか。まあ、四、五十分も歩けば着くだろう)

柏木さんの家はこの繁華街からバスで二十分ほどの場所にある。

仕方なく、フラつく足でゆらゆらと進み始めた。

無性に喉が渇いて、途中のコンビニで烏龍茶を買ったのは良いが、釣り銭を突っ込んだポケットがジャリジャリと鳴り、歩くたびに煩わしい。

小銭に揉まれている携帯電話を取り出すと、電源が一パーセントしか残っていないことに気がついた。

（しまった。お袋に電話をして、鍵を開けといてもらわないといけなかった）

柏木さんの家は、元は小さな雑貨屋をやっていたが、父親が死んで店を閉めてから五階建ての貸しビルに建て替えた。

自宅は五階で、四階から下は事務所と学習塾なので、深夜の階下は無人になる。それを物騒だと気にする年老いた母親が、夜中に不審者が上がって来ないように、エレベーターの入り口に鍵をかけてしまうのだ。

（こんなに酔っ払った状態で、自宅のある五階まで階段を上がるのは辛い）

柏木さんが電話をしようとすると、携帯電話の画面は暗転し、電源が落ちてしまった。

（……なんだよぉ。たった一言、十秒で済む用なのに。仕方ねえなあ）

道沿いのどこかに公衆電話がなかったかと記憶を辿ると、途中に児童公園があることを思い出した。あそこの入り口には、昔から電話ボックスがあったはずだ。

なんとか辿り着くと、案の定、蛍光灯の明かりに照らされた電話ボックスを見つけた。

だが――中には、先客が居ることがわかった。

電話ボックス内のコンクリートの床に、膝を抱えて座り込んでいる男がいる。

顔は見えないが、膝に埋まった頭が金髪で、頚《うなじ》から後頭部にかけては毒々しい刺青が入っている。酔って眠ってしまった、おそらく半グレ風の若者なんだろう。

絡まれたら面倒だと思いながらも、生憎、他に思い浮かぶ公衆電話の候補がない。

早くしないと母親が寝てしまうと焦った柏木さんは、恐る恐る、電話ボックスのドアを開けた。

「あのお……電話、使ってもいいっすか？　一瞬で終わるんで」

男は膝に埋めていた顔を上げる。思ったよりも幼い顔だ。日焼けしているのか、もしくは外国人なのか、ギョロッとした黒い瞳に焦茶色の肌をしている。

「……ありますか？」

男から発せられた弱々しい声が聞き取れず、柏木さんは聞き返した。

「えっ？　はい？」

男は泣きそうな八の字の眉毛をして、丸ピアスの打ち込まれた唇から悲しい声を出す。

「小銭、なくて……」

「ああ、小銭ですか？　電話に使う小銭ですよね？　ああ、良かったら使ってください。俺は十円玉、一枚あれば済むんで」

柏木さんは、笑ってポケットから小銭を掴み出すと、十円玉一枚を残して、残りはジャラジャラと体育座りをしている男の膝の間に落とした。

男は茶色い両手をくっつけて、驚いたような顔をして金を受け止めている。

酔っ払って気が大きくなっているのもあって、

「どーぞ、どーぞ」

柏木さんは、身振り手振りで小銭をプレゼントする意を示した。

男は、俊敏に立ち上がると、予想外の礼儀正しさで柏木さんに感謝の言葉を言った。

「お世話になります！　ありがとうございます！」

そう言って、早速電話を掛け始めたので、柏木さんは外に出て待つことにした。

(妙に挨拶が堂に行ってるよな。反社の下っ端か？)

何語かわからぬ早口の言葉で、男は何かを捲し立てていたが、

「絶対に助けて下さいよ！」

そう叫んで受話器を置くと、静かな表情で電話ボックスから出てきた。

「あっ、終わりました？　じゃあ、交代で」

柏木さんが電話を掛け始めると、男は公園の裏口まで行って、何かキョロキョロと周囲を伺っている。

肝心の柏木さんの母親は眠ってしまったのか、何度鳴らしても電話に出ない。

その時、突然、眩しいライトの白いワゴン車が、公園の入り口に滑り込んできた。

車のドアが開くと、サングラスを掛けたガタイのいい男が二人降りてきた。

二人ともどう見ても堅気には見えない。

シルバーの坊主頭で、格闘技で鍛えたような筋骨隆々とした体をしている。

（あいつの知り合いか？）

公園の裏口を見ると、あの男が血相を変えて逃げ出すのが見えた。

だが、ガタイのいい男たちは、大きな歩幅で飛ぶように走り出し、あっという間にあの男を捕まえてしまった。

かくれんぼの相手でも見つけたかのように、二人の男はニヤニヤと笑いながら、暴れる男を羽交締めにし、車の前まで引き摺ってきた。

柏木さんが、コール音だけが続く受話器を持ったまま、チラリとあの男の顔を見ると、

『タ・ス・ケ・テ』

男の口がそう動いた気がした。半泣きの表情には、絶望の色が見てとれる。

だが、すぐに頭を抱えられ、ワゴン車の中に押し込まれてしまった。

そのまま車は急発進し、凄まじいスピードで去っていく。

柏木さんは、とんでもないドラマの一場面を見てしまった気がして、すっかり酔いが覚めた。そして、いくら鳴らしても出ない母親への電話を諦め、受話器を置いた。

(もしかして、あの男、拉致されたのか？　警察に行った方がいいのか？)

だが、ほんの一瞬、関わっただけの素性もわからない男の何を警察に訴えたら良いのかわからない。それに、自分が見ていた状況だけでは、犯罪とは言えない。

結局、柏木さんはそのまま帰宅し、ビルのコンクリートの階段を荒い息を吐きながら五階まで上ると、玄関の敷物の上で眠りに落ちてしまった。

翌日――あの電話ボックスの先の道路で、白いワゴン車が大型トラックに衝突し、同乗者三人が全員亡くなったという、痛ましい事故を知った。

柏木さんは、時刻的にもあの、男が連れ去られたワゴン車で間違いないと思った。

しかし、今さらどうにもならない。

無謀運転でワゴン車の方がトラックに突っ込み、大破したという。

(かわいそうに……あいつ。あそこで捕まらなかったら、車に乗らなかったのにな)

しばらくは胸を痛めていたが、日常の煩雑さに追われて事故のことを忘れ始めた頃。

柏木さんは、なぜか、よく小銭を拾うようになった。

普段は地面など見ずに歩いているのに、ときどきフッと視線を下げたくなる。そうすると、まず百発百中で、何かしらの小銭がころがっている。

たまたま乗った電車の座席で、ふと前を見ると百円玉が落ちている。

取引先の近くの公園のベンチで時間を潰していると、コロコロと十円玉が転がってきて革靴の爪先に当たる。エレベーターの隅を見ると、五百円玉がホコリに埋もれている。

最初は偶然だと思っていた。

だが、自分が何げなく目を向けた場所に必ずと言っていいほど小銭があるのは、あの夜の男が、小銭を返してくれているのではないかと考えるようになった。

(ありがとう。もう十分だよ)

実際に、拾った小銭は、あの夜に男にくれてやった烏龍茶のお釣りよりも多くなっていた。それでも、なぜなのか、まだ小銭を見つけてしまう。

すると、だんだんと奇妙なことも柏木さんの身に降りかかるようになってきた。

ある朝、駅の切符売り場で券売機の前に立った途端、五百円玉を踏みつけたことがわかった。切符を買った後に、さりげなく脇に退いて、靴底で引き摺った五百円玉を拾おうと屈むと、

「きゃあ！　ごめんなさい！」

女の悲鳴が上がった。何事かと見ると、屈んだ柏木さんの頭の手前で、若い女が大きなスーツケースを抱き止めている。

勢いよく転がしてきたスーツケースが不意に手を離れ、ちょうど屈んだ柏木さんの頭に激突しそうになったらしい。女は蒼白な顔で柏木さんに詫びていた。


また、趣味のロードバイクで出かけた時のことだった。

信号待ちをしていると足元に百円玉を何枚か見つけた。

（あっ……あるな）と下を見ていると、後ろから来たバイクに突っ込まれて横転した。

擦り傷で済んだが、相手がもっとスピードが出していたら大怪我だった。

そして、つい先日の日曜の朝。

久しぶりに自宅ビルの前を竹箒で掃いていると、十円玉が何枚も落ちていた。

拾おうとしゃがんだ途端、五階のベランダで花の手入れをしていた母親が絶叫した。

「いやあぁ！　よけてえ！」

母親の叫びと共に、ブゥンと唸りながら落下してきた植木鉢が、頭の横を掠めて粉々に砕け散った。

あと数センチで直撃するところだったと思うと、全身の毛穴から嫌な汗が吹き出した。

（どうも小銭を見つけると、間一髪の危険がついて来るようになっている）

柏木さんは、あの夜、電話ボックスで出会った男とのことを真剣に考えてみた。

（小銭をやって良いことをしたと思っていたが、最後にあの男が助けを求めていたのに何もしてやれなかった）

（それに俺に出会って電話を掛けなければ、あの夜、死なずに済んだもかもしれない。あの男は、実は俺のことを恨んでいるんじゃないのか？）

柏木さんは、あの男との間にできてしまった縁が恐ろしくなった。

その縁は小銭と共に危険を運んできて、自分も不慮の事故でそろそろ死ぬかもしれない。

――どうしたら終わりにできるのか？


柏木さんは、突然、幼い頃に祖母に手を引かれて行った、明神様のことを思い出した。

小川のほとりにある、赤松の木が美しい明神様だ。

祖母は、あの明神様をとても大切に敬っていた。

「ここの明神様はなあ、縁切りと縁結び、両方できるのよ。人の縁は何が良縁で何が悪縁かなんて、あの世に行くまで、誰にもわからんもんだからねえ」

耳に残る祖母の声を思い出して、柏木さんは、数十年ぶりに明神様へと向かった。

入り口の立派な松の横枝をくぐり、左側にある大きな祠の縁結びの社と右側にある小さい祠の縁切りの社。

それぞれ、今まで見つけた小銭を奉納する。

(良縁も悪縁も俺には何もわかりません。悪縁ならば、少しでも良縁になりますように)

あの男との縁を切って下さいと願うことが正解にも思えず、柏木さんは素直な気持ちで、そのように祈ったという。


しばらくして、柏木さんは夢を見た。


穏やかな川の岸辺に柏木さんは立っている。

川上から流れてくる小舟の上に、こちらに手を振っている男がいる。

あの夜に小銭を渡した男だ。

その向こう側には、別の小舟に乗った二人のガタイのいい男がいた。

川の真ん中には大きな松の木が生えていて、太い幹で流れが二手に分かれていた。

小舟がそこまで流されて来ると、ガタイのいい男達は右の急流に流され、濃い霧の立ち込めた彼方へ行ってしまった。

あの男の小舟は、穏やかな左の流れに乗って、明るい水面を流れていく。
男は嬉しげにピョンと飛び上がると、大きく手を振り見えなくなった。

——ああ、そうか。
死んでからも奴等と行く先が一緒じゃたまらないもんな。
あいつらとの悪縁がこれでやっと切れたのか。そうか、良かったな——。

柏木さんはこの夢の後から、道の小銭にも命の危険にも出会わなくなったそうだ。

見知らぬ女

広島県にお住いの元山さんは、つい先ごろ悲惨な体験をしたのだという。

彼は公務員として役所に勤務し、常に定時ピッタリの出退勤を心掛けている。

そもそも公務員になろうと思ったのも、しっかり定時で帰宅できるから。

彼としては一度きりの人生なのだから、仕事と同じくらい余暇の時間も充実させたかったのだ。

そんな彼の思惑通り、彼が配属された部署ではほとんどの者が定時で仕事を切り上げるらしく、彼も誰にも遠慮せず定時で帰路に就くことができた。

しかし、終業から寝るまでの自由過ぎる時間は、彼にとって良いものではなかった。

好きな物ばかりを自由に食べ、運動することもなく怠惰に過ごしてしまっていた。

そんな彼は半年ほど前に職場の健康診断で引っ掛かってしまい、医師から真面目にダイエットをするように奨められた。

このままじゃ長生きできませんよ？

寝たきりの生活なんて嫌でしょ？

そう脅かされ、一念発起した彼は朝と夕のジョギングを日課として自分に課した。

その朝も彼は午前五時に起きると、出勤前のジョギングとしていつものコースを走り始めた。

自宅から五分程走った頃だった。

寂れた公園の柵の内側に、こちらを見ながら手を振っている女性が立っていた。

見知らぬ女性だった。

女性はかなり厚着をしており、八月だというのにまるで真冬の出で立ち。

冬用の白いブーツに白いロングスカート、そして黒の厚手のコートにマフラーまで巻いている。

それも不思議ではあったが、そもそも彼にはその女性の顔など全く思い出せなかった。

まさか僕じゃないよな？

別の人に手を振ってるんだよな？

そう思って走りながら周りを見渡すが、どうやら彼以外に誰もいない。

えっ、まさかあの女は僕に手を振ってるというのか？

そうだとしたら、なぜ？

考えれば考えるほどその女が気味悪く感じられた。

頭がおかしいのか、それとも何か企んでいるのではないか？

彼はすぐに走るスピードを上げて、その場から走り去った。

特に女が追いかけてくることもなかったので、ジョギングを終えて自宅へ帰った後は、すっかりその女のことは忘れていた。

それからいつものようにシャワーを浴びて職場に向かった。

いつもの時刻から働き始め、いつものように休憩を取り、いつもの時間にタイムカードを押して帰路につく。

自宅へ着いた彼は、すぐにスエットに着替えて外に出ると、いつものようにゆっくりとした速度で走り出す。

彼は、朝と夕のジョギングで同じコースを走る。

その方がペース配分を掴みやすいからである。

その夜も朝と同じコースを走っていた彼は、公園の手前で思わず走るのを止めて立ち止まった。

――あの女がいる……。

朝のジョギングの時に手を振っていた女が。

同じ服装ということは、朝からずっとこの公園に居たとでもいうのか？

しかも女の顔には薄っすらと笑みまで浮かんでいる。

しかも体を貧乏ゆすりをするようにガタガタと小刻みに震わせながら。

背筋に冷たいものが走った。

彼は思わずその場から逃げ出し、今走って来た道を戻り始めた。

――アレには関わってはいけない。

――アレは普通ではない。

本能的にそう感じたという。

もうジョギングなどしている余裕はなかった。

彼は本気の全力疾走で最寄りの駅へと向かった。

自宅へ戻らなかったのは、そのまま付いてこられたら面倒なことになると思ったからだ。

彼の不安は的中していた。

駅へと向かう途中にあるコンビニ、歩道、花屋、電話ボックスなど様々な場所にあの女がいた。

彼が走っていく先には既に女が立っており、彼に向かって薄笑いを浮かべて手を振ってくる。

それを見つける度に方向転換しつつ、彼は駅へと必死に走り続けた。

いつもの軽い走り方ではなく、かなりのスピードで走ったはずだった。

しかしどの道へ方向転換しても、必ずあの女が立っているのだ。

彼は何度も道を変えながら走り続けた。

なんとか駅に辿り着いた彼は、慌てて改札を抜けてホームへと駆け上がり、発車直前の電車に飛び乗った。

だが走り出した電車の窓からは、駅のホームを通過する度にあの女が立っており手を振っていた。

そんなことが続いた彼は、結局見知らぬ駅まで電車に乗り続けてしまい、降りた駅ではお金を持っていないことがバレて大変な目に遭った。

だが、そんなことよりもこれからずっとあの女に付き纏われるかもしれない恐怖のほうが勝っていた。

夜九時を回った頃になんとか自宅へと帰ってきた彼は、急いで着替えるとそのままネットカフェへ向かった。

とても一人きりで家の中にいる勇気はなかった。

そのままネットカフェで一夜を明かしたが、ほとんど眠れなかった彼はぼんやりした頭で翌日、仕事へと向かった。

小さな物音にいちいちビクビクしながら周りをキョロキョロしつつ。

あの女は絶対に幽霊の類だ……。

人間にあんなことができるはずがない……。

そう確信していた。


ところが、彼の心配をよそに、それ以来その女と遭遇することはなかった。

……半年ほどの間は。

あの日から半年ほど経ったある日曜日、彼が部屋で好きなアニメを観ていると、突然ベランダから凄まじい衝撃音が聞こえてきた。

何事か!? と思い、慌ててベランダへ出てみると、何か肉の塊がベランダでピクピクと動いていた。

それが人間の体だと理解するのに、三〇秒以上かかった。それ程その肉塊の損傷は激しかったのだ。

彼はパニック状態で、救急と警察に電話をかけた。

結果として、屋上から飛び降り自殺をした女性が、なぜか彼の部屋のベランダに飛び込んできたのだとわかった。

彼も被疑者として色々と聞かれたらしいが、そもそも彼には恋人などおらず、すぐに嫌疑は晴れたらしい。

そんなことよりも恐ろしかったのは、屋上から飛び降り自殺をした女が、間違いなく彼がジョギングで遭遇した女だったということだ。

屋上はしっかりと施錠されていて、その女がどうやって屋上に侵入したのかはわからずじまい。

だが、ジョギングの際に現れた女は絶対に生身の女ではなかったと彼は言う。

そして飛び降り自殺のはてに、彼のベランダに飛び込んできた女は間違いなく生身の人間だった。

だとしたら、あの女は何をしたかったのか？

彼は今、それが一番知りたいことなのだそうだ。

その電車が向かう先

俺が主催する怪談イベントに毎回ご参加いただいている沢辺さんは、関西地方に住む四〇代の個人事業主。

この話ではあくまで関西ということに留めておくが、これは風評被害を避けるためのものだとご理解いただきたい。

彼の趣味は怪異に関して自分なりに色々と調査をすること。

怪異好きが高じて怪談を読み聞きするだけでは飽き足らなくなり、気が付けば自分で現地に足を運び、怪異の実態を調べるようになってしまったそうだ。

そんな彼が一年ほど前から独自で調べていたのが、市内を走る電車に関する怪異だった。

不可思議さを感じたきっかけは、朝のラッシュ時に偶然見た、客がほとんど乗っていないガラガラの電車。

電車が通過するため遮断機が下りており、逃げ場のない道路には通勤であろう車が遥か後方まで渋滞の列を作っていた。

イライラしている者もいるらしく、後方からは至る所でクラクションを鳴らしているのが聞こえていた。

その時の彼は特にイラつくこともなく、ただ前方の踏切をぼんやりと見つめていた。

そんな状況の中、彼の眼前をほとんど乗客の乗っていない電車が通過していった。

――何なんだ……これは？

奇妙な感覚でその電車を見送っていると、そこから一〇秒も空けずに次の電車が目の前を通り過ぎていった。

その日、彼はその電車の運営会社に電話をしてみた。

さすがにあれだけ短すぎる間隔で電車を走らせるのは危険なのではないか？

そう思ったのだという。

すると意外な返事が返ってきた。

「仰るように危険ですので、そんなに短い間隔で電車を走らせることなどありえません。それに昼間ならともかく、朝のラッシュ時に走っている電車はいつも満員状態ですよ」

確かに会社側が言うように、二番目に通過した電車は満員状態だった。

しかし、確かに自分の目の前で二台の電車が一〇秒と間隔をあけず、立て続けに通り過ぎていったのは間違いなかった。

――これは怪異なのかもしれない。

そう思った彼は、自らその電車に乗り確かめてみようと思ったという。


彼は個人事業主という利点を生かし、週の中日に全く仕事を入れない一日を設定した。

その日は始発から連続してその電車に乗り続けることを実行した。

あの時見た踏切近くの駅から乗車し、適当な駅の間を繰り返し乗り続けた。

同じ電車にピストン輸送のように乗り続ける。

それは思っていたよりもかなり辛い時間だった。

確かに朝と夕の通勤時はかなりの混雑だったが、他の時間帯はそうでもなかった。

ただ電車というものに乗り慣れていない彼にとってはどちらにしても電車の揺れと振動が乗り物酔いを誘発し、吐き気と眩暈との戦いになってしまった。

しかし苦労して電車に乗り続けているというのに、怪異らしきものは何も起こらない。

彼は疲れからついウトウトしてしまい、ハッと目を覚ますと既に時刻は午後八時を過ぎ、外は真っ暗になっていた。

ただ、外は暗くなったというのに電車内は平和そのもので、怪異はおろか、不穏な雰囲気すら漂ってはいなかった。

電車内に自分ひとりしか乗っていないとか、車窓には見たこともない風景が広がっているというのを期待していたそうなのだが、電車の座席には疲れた会社員の姿や帰宅中の学生の姿、そして酔っぱらって気持ちよさそうに眠っている泥酔客の姿しか見つけられなかった。

仕方なく彼は電車の中を移動し始めた。

彼が乗っている車両では何も怪異が起きていなくても、もしかしたら他の車両では怪異が発生しているかもしれない。

そんな思いに望みを託して……。

しかし最後尾の車両までやっては来たが、やはり何も不可思議なことはなく、彼は仕方なく一番前の車両に戻ろうとした。

そこで初めてある異変に気が付いたという。

彼がいる最後尾の車両にピッタリとくっ付くようにして、別の電車が追走していた。

彼が乗っているのはシルバーの電車だったが、その電車は白い電車。

彼はその時、思いだした。

そういえばあの時に見た最初の電車は、白にラインが入った電車だった、と。

彼は嬉しくなって、思わず小さくガッツポーズをしてしまった。

しかし、その後、彼の視界には上手く説明できない光景が映り込んだ。

それは彼が乗っている電車が駅に停車するために減速をした時だった。

後ろをピッタリと追走している白い電車はどうするのか？

興味津々で凝視していると、後ろの白い電車は減速することもなく、そのまま彼が乗るシルバーの電車の車内を通り抜けていった。

その際、彼はその白い電車内に座るまばらな乗客の姿もはっきりと目視できた。

白い電車は一両編成で、乗客は五人ほど乗っていたが、全員が生気なくぐったりと座席に座っていた。

そして完全に駅に停車したシルバーの電車を置いていくように、白い電車は漆黒の闇の中へと消えていったのだという。

彼は言う。

もしかしたら、いや、きっとあの電車は亡くなられた方を乗せてあの世まで運ぶ電車じゃないかと思うんです。

そのことを実は電車の運営会社も知っている。

だから電車に何人乗っていようが、関係ないんです。

通勤ラッシュ時でも、どんな時でも、亡くなられた方を送るのが最優先。

そんな暗黙の了解があるのでは……と。

確かに面白い考察だとは思う。

しかしその後の後日談がヤバ過ぎるのだ。

実はこの話を聞かせてくれた沢辺さんと全く連絡が取れなくなっている。

ＤＭをしても、ＬＩＮＥを送っても、既読すらつかない。

もしかしたら彼は、あの後も独自の調査を続けていたのではないのか？

そして――生きている人間が決して立ち入ってはいけない領域まで、踏み込んでしまったのではないのか？

だとしたら彼はもう……。

今は彼の無事を心から祈りつつ、連絡を待ちたいと思っている。

灰色のリュックサック

東京西部に在住する三十代の雪子さんの話である。

数年前の十二月三十日のこと。

雪子さんは、電車に乗って二駅先の書店へと向かっていた。

年末年始は、書店で選んだ本をゆっくり読むことが雪子さんの例年の楽しみだった。

年の瀬の夕方、都心へ向かう電車は清々しく空いていた。

先頭車両には他の乗客もなく、窓いっぱいに夕暮れが流れている。

ふと視線を下げると、向かいの座席に灰色のリュックサックがあることに気がついた。

誰かが背負っていたリュックサックをそのまま脱いだような形で、二本のショルダーベルトがハの字に開いてこちらを向いている。

小ぶりで可愛らしい作りだから、小学生くらいの子供の持ち物だろうか。

この電車は、雪子さんの乗った始発駅で折り返し運転をしているから、もしかすると、ずっと置き忘れられたままなのかもしれない。

電車はまもなく、目的の書店のある駅に着こうとしていた。

（駅の遺失物センターに届けた方がいいかもしれない）

雪子さんは立ち上がると、思い切ってリュックサックへ手を伸ばした。

柔らかなナイロン生地のそれは、ほとんど中身が入っていないのか、とても軽い。

表側のメッシュのポケットを見ると、やはり子供の持ち物だったらしく、キッズ携帯が太いストラップで括り付けてあった。


駅に着くと、雪子さんはリュックサックを抱えてホームへ降りた。

駅内案内板から遺失物センターはこの駅にはないことがわかり、係員のいる清算窓口に届けることにしたが、改札横にある窓口は年末年始の帰省客で大混雑していた。

大きなスーツケースを持った外国人の集団が窓口で切符を片手に何かやり取りをしている。その後ろにも長距離切符を持った家族連れが首を長くして順番を待っていた。

これは、長くなるな、と覚悟して列の最後に並んだ。

『ルルル！　ルルル！』

その時、メッシュのポケットの中で、キッズ携帯が、賑やかに鳴り始めた。

音楽に合わせて、楕円形の液晶画面がピカピカと青く点滅している。

画面の中央には〈おかあさん〉と発信者名が浮き上がっていた。

雪子さんは電話に出て良いものかどうか悩みながらも、受話器マークのついたボタンを押して、携帯を耳にあてた。

「あっ、もしもし？」

柔らかな女性の声が話しかけてくる。この人が〈おかあさん〉なのだろう。

「あ、もしもし。あの、リュックサックを電車の中で見つけた者なんですが。今、〇〇駅の窓口にお届けしようとしているところです」

「あぁ、そうなのねえ、よかったあ。〇〇駅まで行っちゃったのかあ。そっかあ」

電話の向こうの相手は、とても親しげだ。

なんだかアニメに出てくる、ほんわかしたお母さんみたいだな、と雪子さんは思った。

「はい。すみません、あ、リュックサックの中は開けていませんので」

そう相手が気にしていそうな点を先回りして告げてから、

「携帯も出て良いか迷ったんですが、お母様からだったので、取らせて頂きました」

雪子さんがそこまで言うと——急に相手が黙り込んだ。

電話の向こうからは、遊園地の回転木馬のような物哀しい音楽だけが聞こえてきた。

まだ相手は黙ったままだった。

何かまずい対応をしてしまったのか、と雪子さんが不安になり始めていると、
「――ふふっ。ありがとうね。本当に良かったわ。これから、すぐに取りに行くわね」
嬉しくて仕方ない、というような笑いを含んだ声が聞こえてきた。
その時、ドンっと誰かが雪子さんの肩に背後からぶつかってきた。
驚いて顔を上げると、窓口へ並ぶ行列は消え、自分だけが通路にポツンと立っている。
耳にあてていたキッズ携帯も、いつの間にか切れていた。
ほんの数分の出来事だと思っていたのに、知らぬ間に時間が経っていた。
夕方の四時頃だと思っていたら、なぜか、もう夜の八時だ。
雪子さんは、驚いて清算窓口に進むと、
「車内にあったお忘れ物です」
そう係員に告げ、灰色のリュックサックをカウンターに置いて改札口を出た。
慌てて閉店間際の書店に飛び込み、文庫本を買い込むと雪子さんはまた駅へと戻った。
帰りの電車も空いていて、同じ車両には眠っている年配の男性が一人いるだけだった。
重い紙袋を横に置き、前を見ると、雪子さんはハッと息を呑んだ。
すぐ向かいの座席に、また灰色のリュックサックが置いてある。
さっき駅に届けたリュックサックと、どう見ても同じ物に思えるほど、細部にわたって

そっくりだ。全く同じキッズ携帯もポケットに括り付けてある。

『ルルル！　ルルル！』

リュックサックのメッシュのポケットの中で、キッズ携帯が青く光って鳴り始めた。

雪子さんは鳴っているキッズ携帯を凝視したまま、手が出せない。

『ルルル！　ルルル！』

すると、端で眠っていた年配の男性が目を開け、リュックサックの存在に気がついた。

その男性はこちらを向くと、

「あれは、あなたのものですか？」

丁寧な口調で雪子さんに訊ねた。

「あ、あの、いいえ、違います」

雪子さんが怯えた声で答えると、

「……どこかのお子さんの忘れ物かな？」

そう呟きながら、男性は立ち上がり、リュックサックへと近づいて行った。

そして、リュックサックの隣に腰掛け、キッズ携帯に手を伸ばして電話に出た。

「もしもし？　……は？　……はい」

怪訝な顔をして雪子さんを見ると、不思議そうに口を開いた。

「今、向かい側に座っている、うちの娘に代わって欲しいとおっしゃってますが？」

雪子さんは全身の血が音をたてて引いていくのを感じた。

「ち、違います。それ、私じゃありません！」

それだけ言うと、駅に着いて開いたばかりのドアから転がるように飛び出した。

そのまま逃げるように一人暮らしのマンションへ帰ると、雪子さんは震える手でドアに厳重に鍵をかけ、部屋の電気を点けた。

（あれ……？　なんか暗い）

出掛ける前より、明かりが急に薄暗くなった気がした。

天井の明かりだけでなく、玄関の電気スタンドも光が重く澱んでしまったように暗く、ぐるりと見回すと、部屋全体がどんよりした灰色の空間になってしまったように思える。

そして、どうしようもない淋しさ、絶望、孤独、そんな感情が湧き上がってくる。

雪子さんは、何故だか分からないが、生きていることが急に虚しくなってきた。

『リリリ！　リリリリリ！』

突然、雪子さんのスマホの着信音が鳴った。

発信者は『母』とある。

珍しいことに実家の母からだった。

母親とは諍いが絶えず、数年前に父親を亡くしてからは連絡もとっていなかった。

「何？　どうしたの？」

先程からの虚しい気持ちを抱えたまま、冷たく身構えた声で雪子さんは電話に出た。

「あ、雪子？　大丈夫なの？　さっきの電話、心配だったから」

「さっき？　電話なんかしてないけど。どういうこと？」

「そうなの？　おかしいわねえ……。今日の夕方、いつものスーパーで買い物をしていたら、あんたから電話が来たのよ」

母親は、不思議そうに続ける。

「どうしたのかと思って慌てて電話に出たら、『○○駅で新しいお母さんが見つかりました。これから一緒に旅に出ます』って言って切れちゃったの。何を言ってるのかと思ったけど、なんだか妙に胸騒ぎがするから、電話したのよ」

雪子さんは、驚きで言葉もなかった。

「大丈夫なの？　たまにはこっちに帰ってきたら？」

そのまま雪子さんは、身の回りの物だけを持つと、車を運転して実家に帰った。

年始まで実家で過ごし、恐々と部屋に戻るともう部屋の電気は元のように明るくなり、重く澱んだ気配も消えていたそうだ。

その後、雪子さんはもう一度だけ、この灰色のリュックサックを見ている。

正確には、雪子さんが、人身事故で止まった電車の運転再開を待ちながら、駅の入り口に立っていた時に出会っている。

改札口の辺りから消防隊と書かれたヘルメットを被った三人の男が、ストレッチャーを押しながら進んできた時だった。

周りに立っている人が、

「あ、遺体が出てきたぞ」

「かわいそうになあ。バラバラだろう」

そう囁き合うのが耳に入った。

ストレッチャーが雪子さんの横を通り過ぎる時、上に掛けてあったシートが風に煽られたように、ヒラリとめくれた。

駅のホームに飛び込んで亡くなった人の遺体を収納したと思われる、幾つもの頑丈そうな四角い保冷ケースがストレッチャーの上に並んでいる。

その保冷ケースの上に、あの灰色のリュックサックが覆い被さるように載っていた。

（えっ？　嘘でしょ？　どうして……）

雪子さんは突然、舞い戻って来た恐怖に泣き出しそうになった。

次の瞬間、まるで母親が我が子の布団を掛け直すように、めくれてしまったシートの端が保冷ケースの上をフワッと覆うのが見えた。

凍りついたように見つめていると、異国の遊園地のような物哀しい音楽をハミングするのんびりとした女の声が、去っていくストレッチャーの上から聞こえてきたそうだ。

その後、あの灰色のリュックサックがどうなったのか。

雪子さんには何もわからないのだそうだ。

クレバス

冬山登山をする際に特に危険なのは、雪崩とクレバスだという。

雪庇《せっぴ》も恐ろしいそうだが、ルートさえ外れなければ遭遇することはない。

しかし雪崩とクレバスは正規のルートだとしても避けようがなく、特にクレバスに至っては落ちれば生還できることだけでも奇跡なのだという。

今回はそんな危険極まりないクレバスに関して寄せられた話を書いていこうと思う。


クレバスというのは氷河や雪渓にできた割れ目であることは誰でもご存じだと思うのだが、その深さは一〇メートル未満のものから一〇〇メートルを優に超えるものまで幅広く存在する。

しかも割れ目は積もった雪によって隠れている場合も多く、そんなクレバスを視認し避けていくのはまさに至難の業となる。

雪の下に深く暗い穴が、延々と底までと伸びていると思っただけで俺には恐ろし過ぎる光景だ。

落ちたクレバスの先には光も差し込まぬ暗い空間が下方へと続いており、たとえそのまま落ちていかなかったとしても、その寒さで数分で意識を失い、小一時間で低体温症で死んでしまうのだから。

そしてクレバスの恐ろしいところは、特に冬山登山で高所へ行かなくても、標高の低い冬山にでも、どこにでも点在していることなのだろう。

東京都に住む三三歳の古田さんは、スノーボードをバックカントリーで楽しんでいた時に突然滑っていた雪がなくなり、そのままスノーボードもろともクレバスの中へ落下してしまった。

他にもスキーを楽しむグループやスノーボーダーが見かけられ、特に危険は感じていなかった中での出来事だった。

一瞬何が起きたのかが理解できない中で浮遊感を感じた直後、彼の体は氷の壁にぶつかり落下を停止した。

しばらく呆然としていた彼だったが、すぐに体の痛みで我に返った。

どうやら右足を変に捻ってしまったようだ。

彼は顔を上に向けた。

すると頭上三〜四mほどに小さな穴が開いており、そこから曇り空が薄っすらと見えた。

そうしている間にも降り続けている雪がその小さな穴さえも少しずつ塞いでいく。

これじゃ誰かに見つけて助けてもらうのは至難の業かもしれない。

かといって、痛む右足を庇いながら自力で地上へ這い上がることは困難だと、すぐに判断した。

――それならば……。

彼は発想を転換した。

地上へ上がることが不可能ならば、このまま下に降りていき、足が着いた地点を横に進んではどうだろうか？

そうと決めたらすぐに行動しなくては。

このままじゃ凍死してしまうかもしれない。

そう思った刹那、彼の耳に奇妙な音が聞こえてきた。

ザッザッズーザッ……ザッザッズーザッ……。

その音は何かが雪の上を歩いているかのようだった。

しかも一人や二人ではない、もっと沢山の何かが。

彼は視線を下に向けた。

下は真っ暗で何も見えなかった。

しかしそのまま根気よく見つめていると、次第に目が暗闇に慣れてくる。

ぼんやりと視界が開けた彼の目に飛び込んできたのは、暗い穴の奥底で蠢いている何かの存在だった。

何なんだ……あれは？

聞こえてくる足音みたいなのも、きっとアレなのかもしれない。

目を凝らすうちに、それが列をなして歩いている人間だと理解した。

奇妙としか言えない、信じ難い光景だった。

雪原に空いた穴の下にある細い道を、沢山の人間達が隊列を組んで歩いている。

老若男女がそれぞれにバラバラの服装で。

ただ共通しているのは、誰一人として声を発している者がいなかったこと。

こんな穴の底に道でもあるというのか？

それにどうして歩いている人達は全員が疲れ、生気もなく俯いたままふらふらと歩いているのだろうか？

いや、よく観察すると、ただ黙って歩いている感じではなかった。

誰もが何かに導かれるように、きれいに列を成して歩いている。

それはまさに亡者の列にしか見えなかった。

常識で考えれば、こんな雪原の下に人が歩くための道など存在しているわけがなかった。

しかも穴の中はとてつもなく寒く、命の危険すら感じるほど。

自分は幻を見ているのか？

それとも生きている人間が見てはいけないモノを見ているんじゃないのか？

そんな気がして、一気に恐怖心に圧し潰されそうになった。

自分がここにいることに気付かれないよう息を殺し、完全に動きを停止した。

とにかく、動いてはいけない……。

それしかできなかった。

それは彼の中の生存本能が強く作用していたのかもしれない。

しかし眼下を歩いていく人の流れは、いっこうに途切れそうになかった。

どれくらいの時間、彼はそうしていたのだろうか。

いよいよ我慢できなくなった彼は、なんとかしてその場から這い上がり、地上に出ようと決めた。

両手と左足だけで少しずつ雪の壁を這いあがっていく。

全力を出し、力を振り絞って上がっても、なお出口は遠かった。

それでも諦めることなく彼は雪の壁に張り付き、必死で這い上がり続けた。

できるだけゆっくりとした動きで、音を立てないように。

そうしていると急に下の様子が気になってしまい、彼は視線を下方へと移してしまう。

「ヒッ！」

それを見た瞬間、彼は嗚咽にも似た小さな悲鳴をあげていた。

先程まで下方の道をふらふらと歩き続けていた人の列が、その場に停止し彼を見上げていた。

全員が嬉しくて仕方ないというような笑みを浮かべながら。

その顔を見た瞬間、彼は居ても立ってもいられなくなり、なりふり構わず上へ這い上がろうともがいた。

しかしやはり雪の壁は容易には上がっていけない。

その時点で彼は自力での脱出を諦め、大声を出して助けを呼ぼうとしたという。

助けてくれ――！　誰か、誰か助けてくれ――！　穴の中に落ちたんだ、ここにいる！

助けてくれ――！

何度叫んでも地上からの反応はなく、何も音は聞こえてこない。

しかしそんなことなどお構いなしに、彼の耳には確かに下方から何かが近づいてくる音だけが聞こえてきた。

シュッ……シュッ……シュッ……。

その音は何をしている音なのかは分からなかったが、下方から近づいてきているのだとしたら、先程見た亡者の群れとしか考えられなかった。

なんで上がって来てるんだよ？

何をしようっていうんだ？

生きた心地がしなかった。

心臓が早鐘のように耳の奥で鳴り続け、全身から力が抜けていくのを感じていた。

そして奇跡が起こる。

彼の動かせない右足の足首を何かが掴むのと同時に、

「まさか、ここに誰か落ちてるっていうのか？」

「おーい、大丈夫ですか～？」

「誰かいますか～？」

そんな複数人の声が聞こえてきた。その瞬間、彼はありったけの大声で、

「ここです！　助けてください！」

と叫んでいた。

その後、なんとか雪原へと引っ張り上げられ、彼は奇跡的にクレバスからの脱出に成功した。

救助してくれた人たちの声が聞こえた瞬間、彼の足首を掴んだ手もすぐに離れていくのが分かった。

彼を救助してくれた方達に、つい今しがた自分が体験した恐怖を話した際、穴の中を確認してもらったが、どうやら彼らにはそれらの姿は見えていなかったそうだ。

こうして九死に一生を得た彼だったが、実はこの話には後日談がある。

あの時、得体の知れない人間らしきモノに掴まれた彼の右足の足首は、そこを起点として壊死が止まらず、結局彼は右足を付け根から切断することになった。

現在は義足を付けて不便な生活を送っているらしいが、それでも彼は命が助かっただけ

でも儲けものだと思っているという。

あの時、体全体、いや心臓だけでもあいつらに触られていたら、きっと僕はとっくの昔に死んでいたんだと思います。

僕が見てしまったのはきっと亡者の列だと思っていますから。

でも気を付けてくださいね。

僕が落ちたクレバスは本当に標高が低いところなんです。

だとしたらあんな穴はどこにでも存在しているとしか思えない。

案外普通に生活している家や会社、公園、歩道の下にも亡者が通る道が通っているかもしれません……。

彼は最後にそう話してくれた。

塒《ねぐら》

北関東のある街で一人暮らしをしている八十代の米村さんという女性がいる。

その米村さんのお宅に在宅支援のヘルパーとして通っていた、佳奈さんからお聞きした話である。


ある日、佳奈さんがいつものように米村さんのお宅を訪問すると、

「今日は、貴女《あなた》に聞いてほしい話があるの」

そう言って米村さんは話を始めた。

米村さんは、元は東京下町の出身で、実家は有名な料亭だったそうだ。

跡取り娘だった米村さんは、二十五歳の時に、住み込み修行をしていた同い年の板前と祝言を挙げ、若女将として店を切り盛りするようになった。

だが、子宝には恵まれず、店こそが我が子と思い、商売にのめり込んでいく。

母が亡くなり、板長だった父も亡くなった頃から、世の中の景気も急に悪くなり、店の

経営にも陰りが見えるようになった。
それに伴い、夫婦の仲も険悪になっていく。
父の一周忌が終わった晩。
夫から突然、離婚を切り出された。
店で中居をしていた若い女と人生をやり直したいと、突然、頭を下げられた。
寝耳に水の事態に、米村さんは激怒し、もちろん首を縦に振れるはずもない。
結婚生活と料亭の経営の両面で、泥沼の離婚紛争へと発展して行った。

その日も裁判所から駅まで戻るバスを降りた米村さんは、疲れ切っていた。
駅前にある木のベンチに腰を下ろすと、疲労のあまり放心状態になる。
眼前の広場をぼんやりと眺めていると、すぐ先にある大きな木が随分と騒々しい。
丸い枝ぶりの中に、忙しなくムクドリが集まってきては、ピイピイと鳴いている。
夕闇がやってくる前に、皆で塒《ねぐら》の場所でも相談しているのか、次々と飛んでくる。
(ああ、あんな小鳥だって――。塒《ねぐら》に帰るときは一羽じゃないんだ)
米村さんは、誰もいない寒々しい家に帰ることが、堪らなく寂しくなった。
「――アンタにそっくりだねえ」

ベンチの隣にいつの間にか、知らない女が座っていた。

重そうな手提げの布袋を持った、自分より十くらい上の、五十がらみの女だった。

客商売で人を見る目がある米村さんが一瞥しても、女は人品卑しからず、手を見ても荒れ仕事の跡もない。身なりも上等の部類だ。

今聞こえたのは、大きく開いた布袋の中を覗き込みながら、女が独り言のように呟いた言葉だった。

米村さんは、自分が仲間を求めて集まるムクドリに似ていると言われたと思い、他人から見ても、自分はよっぽど寂しい人間に見えるのか――とガッカリした。

だが、女は、言う。

「アンタは木の方。無事に一日が終わった小鳥が来るのよ。他の木には一羽も来ない」

そう言っている間も女は、袋の中を覗き込み、中に手を入れてはガチャガチャと引っ掻き回している。

確かに他の木にはムクドリはちっとも集まってはいない。

でも、それがどう自分に似ているのかと疑問に思っていると、

「日暮れになると小鳥がやって来るように、他人が安心しに集まってくる人なのよ」

そう言うと、やっと見つけたとばかりに、袋の中から小さなジャムの瓶を取り出した。

ホテルの朝食でパンの横に添えられているようなミニサイズのいちごジャムの瓶だ。

それをベンチの端に置くと、何かのお供え物であるかの如く、女は丁寧に手を合わせて拝んだ。

すると、ベンチの真下から、ボキッ、ボキッと、枯れ枝を折るような音が返ってきた。

「あらっ？」

下を覗くが何もいない。ただ、まばらな雑草と煙草の吸い殻が落ちているだけだ。

女は、小さなジャムの瓶をつまんで元の布袋の中に仕舞うと、声を潜めて言った。

「だから、うまいこと他人になったほうがいい」

米村さんの顔も見ずに立ち上がると、女は出発直前のバスに乗り込み、去って行く。

米村さんは女が行ってしまって初めて気がついた。

（あの人は――自分に何事かの忠告をしてくれていたのだ）

霊感なのか、人相術なのかはわからないが、もっと詳しく教えて貰いたかったと思っても後の祭りだ。

仕方がない、自分もそろそろ帰ろうと力なく荷物を掴み、ふと横を見た時だった。

さっきまで女がいた場所に、人の形をした黒い影が座っている。

黒く煤けた煙が集まって、頭部から胴体、脚までを形作っていた。

ベンチに腰掛ける黒い人型の足元までをじっと見下ろしてみると、地面の中から生身の人間の両手が伸びて、影の足をガッチリと掴んでいた。

そして、だんだんと手だけではなく、土の中から若い女の半身が浮かび上がってきた。セミロングの髪型で、ベージュのコート、無表情な顔をした二十代くらいの女が、肩までを地面から浮き上がらせ、必死に腕を伸ばして、影の足にしがみついている。

米村さんは、夫が人生をやり直したいとまで言い放った、あの若い中居もこんな顔だったことを思い出した。

すると黒い影は、突然その女の首に両手を掛け、ゴキッと真横にへし折ってしまった。

「ああっっ！」

米村さんは思わず声を上げた。

すると、ベンチに座る黒い影も地面の女も――風に飛ばされたように消えてしまった。


「それでね」米村さんは、ヘルパーの佳奈さんに語り掛ける。

「なんだか吹っ切れたのよ。弁護士も最初は反対したんだけどね」

米村さんは両親から受け継いだ料亭を夫に渡し、金と引き換えに離婚をすることにした。そして、知り合いのいない土地に移って、人を使わず、小さな店を始めることを考えた。

「競馬場や競艇場の近くなら、手間のいらない、独り客のお客さんが途切れなくていいと思ったのよ」

それが、もう四十数年以上も前。

まだ、独りで気楽に食べられる店は、立ち食い蕎麦とラーメン屋くらいだった頃に、米村さんは、独り焼肉の店を開店した。

どこかの学校で使っていた廃品の机と椅子を店に並べると、お客には一人掛けで、手前勝手に肉を焼いて食べてもらう。客あしらいも素っ気無く、野球中継を観せるだけでも、

「一羽、一羽、小鳥が集まるみたいに、毎晩、繁盛したのよ」

おかしなことに、その頃から、離婚した元夫からも電話が来るようになった。

他愛も無い話をするために掛けてくることもあれば、息子が生まれた喜びを報告して来ることもあった。

「案外、腹も立たなかったのよ。あの人は中卒で十五の時から住み込みだからね。妙な気兼ねもあったんじゃない？　他人になって初めて、お互いに平気で軽口が叩けるようになったのよ」

米村さんは、元夫と電話でやり取りをするうちに、つぶさに向こうの気持ちが理解でき

るようになっていった。

「ある日ね、大事な一粒種の息子が死んだ、って電話が来たのよ。奥さんが目を離した隙に、店の庭石の上で転んで。岩に頭をぶつけてね。打ち所が悪かったんだって」

号泣する元夫を米村さんは一晩中、電話で慰めた。

「面と向かって、奥さんを責められないじゃない？　でも腑が煮え繰り返ってるからね」

この時は夫婦でいた時よりも、ずっと優しい言葉を掛け続けたと語る米村さんは、しみじみと目を閉じる。

佳奈さんは、そろそろ引き上げる時刻なので、時計を見ながら米村さんに訊いてみた。

「はぁ……。あの、結局、今はその元ご主人は、どうされているんですか？」

米村さんは、悪戯っぽく笑って言った。

「今日ね、この話を貴女にしたのは、ちょっと見せたいものが有るからなのよ。玄関の上がり框に、デパートから届いたばかりの荷物があるから、持ってきて開けてくれない？」

佳奈さんが玄関へ行くと、百貨店の包装紙に包まれた荷物がある。

米村さんは、地元の競馬場が閉鎖になったのを潮時に店を閉め、今は悠々自適で金には困らない暮らしぶりだ。全国の美味しいものを取り寄せては愉しんでいる。

佳奈さんが箱を開けると、英国製のジャムセットが並んでいた。

「そのジャム、開けてみてくれる?」

佳奈さんは、早速、力を込めて蓋を回そうとするが、あまりに固くてビクともしない。

すると、米村さんは、そのジャムを箱に戻し、箱ごと目の前にある仏壇に上げた。

いつもは閉まっている仏壇が、今日は珍しく開いている。

佳奈さんが、中を覗くと、ガランとした空間には位牌の一つもない。

その仏壇の中から、なぜか刺すような視線を感じて佳奈さんは思わず、後ずさった。

「本当はね、赤の他人になったんだから、仏壇なんかいらないんだけど。うちにも居場所くらい作ってあげようと思ってね」

そう言うと、米村さんは、仏壇に上げたジャムの箱に合掌し、静かに膝に下ろした。

「ジャムの蓋、どうなってるか、見てみて」

佳奈さんは、ワケもわからずジャムの瓶を一つ、箱から出して手に取ってみた。

――つるりと蓋が開く。

「えっ?　なんで?」

「他のも全部、確かめてみて」

佳奈さんがすべての瓶を確かめて見ると、全部、見事に蓋が一度開けられ、緩められた形跡がある。

驚愕の表情を浮かべる佳奈さんを尻目に、米村さんは、楽しそうに言う。

「あの人がね、来ると固い蓋を開けてくれるのよ。夫婦だった頃は、こんなことくらいで喜んだりしないんだけど。あの人が死んじゃってからは、こんなことでも嬉しいものよ」

「元ご主人、亡くなられてたんですか。でも、来ると言うのは――」

佳奈さんが慌てて訊ねると、米村さんは、余裕の微笑みを浮かべている。

「あの人ね、あの女が店の若い板前と座敷で浮気してる現場を見つけて問い質したのよ。そしたら、子供が事故に遭った時も、板前と逢うために外で一人で遊ばせてたことを白状したんだって。そりゃ酷い、人間じゃないって、電話でね、私、泣いてあげたのよ」

米村さんは、うん、うん、と頷きながら、仏壇を見る。

「――そしたら、あの人、女の首を捻り殺しちゃったの。それから自分も包丁で首を切って死んじゃってね」

米村さんはジャムの瓶を愛おしそうに撫でた。

「あの世に行っても、私のところに、小鳥みたいにやってくるのよ。それで、どんな気持ちか訊いてみたら、『一度捻り殺したくらいじゃ、まだ足りない』って言うのよ。だから少しでも気が済むように、あの女の首の替わりに、固い瓶の蓋を捻らせてあげてるの」

佳奈さんは、全身の毛がゾッと総毛立つような気がした。

もう、これ以上ここにいてはいけないと本能が警告している。

「あ、あの時間を過ぎてしまったので、私、失礼します」

「あ、そ。ご苦労様」

米村さんは、とっておきの話への感想の一つもないことに機嫌を悪くしたようだった。

佳奈さんは、慌てて靴を履くと、玄関から外に転がるように飛び出した。

もの凄い手品を見せられたような気もするし、どこまでが本当かわからないと、自分で自分を無理に落ち着かせながら歩き出すと、
ガラガラ、ガタッ、ガラガラ。

米村さんの家の雨戸を閉める音がした。

(あ、しまった。最後に雨戸を閉めてくる仕事を忘れてた)

いつも米村さんが重くて閉まらないと言っていた雨戸の件を思い出し、佳奈さんは泣く泣く戻ることにした。

だが、途中で米村さんの家の庭に面したフェンスから中を覗いてギョッとする。

外から見える雨戸の手掛かりの上に、真っ黒い大きな手のようなものが見える。

黒い煙を集めて手の形に型取りしたような、煤煙を棚引かせている大きな手だった。

戸袋から重い雨戸を引き出す米村さんの小さな手の上に、黒い手が重なっている。

ガタ、ガラガラ。

「ありがとねえ。あのヘルパーったら、急に帰って失礼よねえ」

ガタ。ガタ、ピシャん。

「でも、あの顔、見たでしょ？　あの女に似てて癇に障るでしょ？　許せない顔よねえ。ああいう女はね、みんな捻ってやればいいのよ」

まるで新妻のように華やいだ米村さんの声が聞こえてきた。

佳奈さんは、背中に氷を突っ込まれたようにガタガタと震えて叫びながら逃げ出した。

以後、この家どころか、この地域に二度と近寄らないよう、即時に担当を変えてもらったが、それでも心配で、佳奈さんは今は他県の別の業種に転職している。

あなた

霊っていうのは物理的な攻撃はしてこないんですよね？

よくこんな質問をされる事がある。

そしてあくまで個人的な意見になるが俺の考えはノーだ。

霊というのは肉体を持たない意思であり元人間だと思っている。

昼間に遭遇すれば加減の差はあるが透けて見えてしまう。

だとすると確かに殴ったり蹴ったり切りつけてきたりという物理攻撃は出来ないのは間違いない。

しかし、これまで俺が見聞きし体験してきた怪異の中には、物を飛ばしてきたり、突然後ろに引っ張ってきたり、場合によっては階段や駅のホーム、そしてビルの屋上から突き飛ばすという事例も存在している。

当然、悲惨な結末になる場合が多いのだが、私的にもっと恐ろしいと感じている物理攻撃が行われる場合がある。

それは憑依というもの。

霊が人間の中に入ってきて、自らの意思でその人間の体を動かし、言葉を使う。

人間の体を操れるということは、物理的な攻撃も可能になるし、何より人間を恐怖させるためにその容姿をも恐ろしいものに変化させてくる。

そして憑依する相手は友人だったり恋人だったり妻や夫となるパターンも多い。

悍ましい顔に変わった最愛の人と対峙した時、あなたはどんな対応ができるだろうか？

俺ならば間違いなく何もできず、防戦一方になってしまうだろう。

つまりそれこそが霊による憑依の狙いなのかもしれない。

ただ身を護り防御に徹していたら、いつかは此方がやられてしまうのだから。

だから憑依された者と対峙する時には、攻撃に出ることも必要だと感じている。

しかし、ナイフやバットなどの武器を手に取ってはいけない。

それも霊の狡猾なところであり、武器で攻撃に出れば、最愛の人を傷つけたり死に至らしめてしまう可能性があることを忘れてはならない。

だから攻撃は別の方法が良いのかもしれない。


埼玉県にお住いの弓島さんは三八歳の会社員。

三歳年下の奥さんとマンションで二人暮らしをしている。

なかなか子供を授かる事ができず、悩んだ時期もあったが、当時は夫婦二人で仲良く暮らせることだけを考えて生活を送っていたようだ。

夫婦のどちらもがお互いにとってとても大切な存在。

そんな関係性だった。

今から半年ほど前のある日、横断歩道を渡っていた奥さんが、前方不注意の車に撥ねられて病院へ緊急搬送された。

何日間も意識が戻らず、生死の境を彷徨ったが、その後なんとか持ち直し、三か月ほどの治療とリハビリを経て、無事に退院することができた。

家に戻ってきた頃は何かと体も動かし難そうだったが、しばらくすれば改善され、再び以前のような暮らしが送れると彼は思っていた。

しかし思わぬ事態が起きた。

それは奥さんが退院し、自宅マンションへと戻ってきてからちょうど一週間程が経った夜のことである。

いつものように寝室の左側に置いたベッドで寝ていた彼は、耳をつんざくようなけたたましい笑い声で目が覚めた。

ヒューヒュー……ゲラゲラゲラ……ヒューヒュー……ゲラゲラゲラ……。

苦しそうな息遣いと大きく下品な笑い声が交互に聞こえた。

「えっ、どうした？　……何かあったのか？」

彼が声を掛けたのは、右側のベッドで寝ている奥さんに対してだった。

悪い夢にでもうなされてるんじゃないか？

そう思った彼は、奥さんの肩を軽く揺さぶって悪夢から助けてあげようと思った。

すると奥さんは、肩を掴んだ彼の手を振り払い、横向きで寝ている状態から奇妙な動きで上半身を起こした。

それを見て、彼は強い違和感を覚えた。

奥さんはとてもおっとりした性格で、彼の手を振り払ったことなどそれまで一度もなかった。

だが先程、彼に背を向けるように横たわっている奥さんは、強引に身を捩る妙な勢いで上半身を起こした。

まるで出来の悪い特撮を見ているかのような、気味の悪い動きだったようだ。

背筋に冷たいものを感じた彼は、急いで寝室の明かりを点けた。

明かりはすぐに点いた。

しかし明かりが点く瞬間、彼は奥さんの顔を見てしまった。

着ているパジャマはいつもと同じ。

しかし直立で上半身を起こしていた奥さんは、ゆっくりと前へ屈んでいき、突然彼に顔を向けた。

その顔は顔全体が大火傷でも負ったかのように赤黒く変色しており、そもそも顔自体が奥さんのものではなかった。

ヒッ！

悲鳴を飲み込んだ彼の前で突然立ち上がった奥さんは、そのまま寝室から出ていった。

廊下をドスッドスッと歩いていき、玄関のドアが開閉する音が一度聞こえた後は、部屋の中に再び静けさが戻った。

僕はさっき何を見たんだ？

あれは本当に妻だったんだろうか？

いや、あれは断じて妻の顔ではなかった。

しかし……顔以外は、妻以外の何者でもなかった。

だとしたらいったい何が起こってるんだ？

そう考えてしばらくは恐怖で動けずベッドの上で固まっていた。

それでも窓の外が白々と明けてくると、ようやく恐怖も和らいできてなんとかベッドからリビングへ移動することができた。

まだ心臓の鼓動が速いままだったが、ハッと我に返り、恐る恐る部屋の中を見て回った。

しかし、やはり部屋の中に奥さんはおらず、重い腰を上げて探しに行こうと思っていた矢先に、玄関のドアが開く音が聞こえ、廊下を歩いてくる音が聞こえた。

廊下を凝視する彼の前に現れたのは、いつもと何も変わらない奥さんの姿だった。

「何か気が付いたら知らない場所に立っていて……」

そう言って不安そうな顔で謝ってくる奥さんに、彼は何も言えなかったという。

少し時間をおいてから、彼は奥さんに優しく問いかけた。

寝てから朝までの間でどんなことでも良いから何か覚えていることはない？　と。

しかし奥さんはベッドに入ったことは覚えていたが、それ以降の記憶が完全に抜け落ちていた。

――もしかすると、精神的な病気なのかもしれない。

そのようにも思ったが、彼には奥さんを精神科へ連れていく勇気は持てなかった。

大切な奥さんがあんな顔になっていたなど、到底信じられるはずもなかった。

しかし、それからも夜寝ていると同じような怪異が続いた。

その度に彼は悍ましい顔に変わった奥さんの顔を見せつけられ、恐怖で固まっているうちに奥さんが出ていってしまい、朝まで戻らないということが繰り返された。

やはり奥さんは家を出ていってからの記憶が全く残っていなかったが、どうやら朝になって目覚めると、橋の欄干から身を乗り出すようにしている自分に気付き、ハッとしたという。

目覚めるシチュエーションはどんどん危ない状態になっており、最近は目覚めると橋の欄干の上に立っているのだそうだ。

これはすぐになんとか策を講じて、元の奥さんに戻さないと命さえ危ないのではないかと彼は焦った。

仕事もせずに悩み抜いた彼は、知人の紹介でお寺や霊能者などに助けを求めた。

するとやはり奥さんの奇行の原因は霊的なモノとしか考えられないと言われたが、お寺や霊能者が提示してきた金額はあまりにも高額で、彼には払える訳もなかったそうだ。

それでも奥さんを助けたい。

何よりも大切な人だから……。

霊的なモノを相手に、自分は妻に何をしてあげられるのか？

どうすれば奥さんの中から霊を追い出せるのか？

そればかりを日々考えたという。

そしてある日、彼は決心して準備に取りかかった。

奥さんが寝たのを確認すると、部屋の内側からドアをロックした。

粗塩や護符、お香などを焚いて、奥さんの中から悪い霊を追い出そうとした。

彼は本気だった。

もうこれ以上は時間的余裕がないのだと自分に言い聞かせ、すべてをその夜で解決してみせるという覚悟を持って。

ただ刃物や鈍器といった武器になるものは一切用意しなかった。

何も武器を持たないという選択は不安要素でしかなかったが、憑依されているのだとしても元は大切な妻の身体。

そんな妻に武器を使って攻撃することなど絶対にあってはならないと自分に言い聞かせた上での判断だった。

しかし彼の決意は既に奥さんの中に憑依する何かに感づかれていたようだ。

心の準備をし、再び寝室に戻りドアを開けた瞬間、部屋の中に嗅いだことのない奇妙な臭いが充満していた。

奥さんは彼が入って来るのを待っていたように背中を向けてベッドの横に立っていた。

彼が奥さんの名前を呼ぶと奥さんはすぐに「は～い」と返してきた。

しかしその声は明らかに奥さんの可愛い声ではなかった。

もっと低く、震えるような気持ちの悪い声。

そして振り返った奥さんの顔を見た彼は、思わず凍り付いた。

にんまりと笑った口元からはよだれが垂れ、腐乱死体のように緑色の顔にはケロイド状の部分が至る所にあった。

何よりその目からは、邪悪な企みを持ったギラギラした光が感じられた。

一瞬息を呑んだ彼だったが、すぐに気持ちを切り替えてソレに対峙する勇気を必死に奮い立たせた。

しかし、そんななけなしの勇気も、奥さんがニヤニヤと笑い始めた瞬間、蝋燭の炎のごとく揺らいでくる。

その顔はまさに邪悪なものであり、これから何が起こるのかと考えてしまった刹那、彼は一気に恐怖に圧し潰されそうになった。

寝室から一気に飛び出した彼は、日頃から仕事や趣味で使っている小さな部屋に逃げ込み、内側から鍵をかけた。

それを追いかけるような足音が聞こえた後、彼が隠れた部屋のドアノブがガチャガチャと激しく上下した。

部屋に入って来られたら殺されてしまう……。

そんな恐怖を感じた彼は、必死でドアノブを押さえ込む。

ふと、静寂が訪れる。

「あなた……私はもう大丈夫だから。ここを開けて？」

そんな声が聞こえてきた。

奥さんの声はいつものように穏やかで落ち着いていた。

しかし奥さんは彼のことを結婚する前から「陸くん」と呼んでいた。

「あなた」という呼び方をしたことは一度もなかった。

だから彼は深呼吸し、すぐにはドアの鍵を開けなかった。

果たして、彼の疑念どおりに再びドアノブがガチャガチャと激しく動かされ、外からはゲラゲラという気持ちの悪い声が聞こえてきた。

そんなことを何度か繰り返した時、突然外からそれまでとは違う声が聞こえてきた。

「あなた……私はもう大丈夫だから。ここを開けて？」

そんな言葉の後に、

〈絶対にドアを開けちゃダメ！　私、陸くんを殺したくない……〉

そんな泣きそうな声が聞こえたという。

彼はその声で我に返ることができた。

奥さんを何としてでも助けてあげなければ！

そんな思いが恐怖心を凌駕した。

彼は自分の頬を両手でパンパンと叩き気合を入れると、一気にドアの鍵を開けて廊下へと出た。

顔を見ると恐ろしくなるので、低い姿勢のまま奥さんの腰の辺りだけを見て一気に奥さんの体を強く抱きしめた。

奥さんは激しく体をうねらせ彼の首を絞めてきたがそれでも必死で奥さんの体を抱きしめながら大きな声で、
僕は此処にいるぞ！　……戻ってこい……戻って来てくれ！

そう叫び続けたそうだ。

奥さんの手が彼の太腿部分を掴んできた。

爪だけでなく指さえも肉の奥底まで突き刺さっていくように。

それでも彼の気持ちが折れることはなかった。

必死で奥さんの名前を呼び、抱きしめ続けた。

そんな状態が一〇分以上続いた時、突然奥さんの体から力が抜け、操り糸が切れたかのように彼に凭れかかってきた。


以上が、弓島さんが体験した憑依霊の恐怖になる。

奥さんに憑依したのはいったい何なのか？

その正体は今でもわからないが、もしかするとその霊は、弓島さんに危害を加えるために奥さんに憑依したのかもしれない。

そんな気がしてならない。

それから彼と奥さんは以前のような仲の良い夫婦に戻った。

しかし彼には最近どうしても気になっていることがある。

それはあれ以来、奥さんが彼のことを「あなた」と呼ぶようになったということ。

彼の、単なる思い過ごしであれば良いのだが……。

顔貌《がんぼう》

東京で家政婦歴四十年のベテランである弘美さんにお聞きした話である。

弘美さんは九州の生まれで、一時は結婚していたが、三十歳で独り身に戻ったそうだ。

ちょうどその頃、弘美さんに「住み込みの家政婦をやらないか？」という話がきた。

東京で大きな建設会社を経営している母方の遠縁が、血縁者で口が堅い人という条件で住み込みのできる家政婦を探しているという。

長年勤めている家政婦が七十歳で引退も近いから、ぜひ来てほしいという言葉に背中を押され、弘美さんは身一つで東京に向かった。

一九八〇年代初頭。東京、山の手の高級住宅地は穏やかな気品に満ちていたという。

地図を片手に辿り着いた場所は、要塞の様な邸宅ばかりが集まる一角だった。

その中でも、重厚な石垣のある日本家屋が、弘美さんの職場と住処になる家だった。

玄関のブザーを鳴らすと、白髪をきちっと纏め、銀鼠の和服を着た婦人が出てきた。

「弘美ちゃんね？　いらっしゃい。九州からお疲れ様でしたね」

この人がこの家の奥様なのかと、慌てて手土産を出そうとすると、この人は家政婦の柳という人だと分かった。柳は、とても七十歳には見えない若々しい頬に笑顔を浮かべて、大広間にいる、奥様に引き合わせてくれた。

見事な油絵の掛かっている暖炉の前に、真っ白なミンクの刈り毛のガウンを羽織った女性がいる。歳の頃は、自分と同じ三十前半だろうか。

富士額が美しい、お雛さまの様な顔立ちで、内向的な目をしている。

弘美さんが挨拶をすると、家政婦見習いに来てくれた感謝を小さな細い声で述べ、すべては柳さんにお任せします、とだけ言うともう暖炉の火を眺めている。

俯いてじっと火の前に立つ奥様の姿は、この豪邸の女主人には思えぬ影の薄さだ。

柳は、家政婦専用の個室に弘美さんを案内すると、この家の内情を説明してくれた。

奥様はお公家さんの家系で、金の絡んだ政略結婚で旦那様と結婚したが子供はいない。

柳は元は四国の出身で、奥様の実家の通いの家政婦だったそうだ。奥様とは二十年にわたる付き合いだという。旦那様は出張と接待が多く、ほぼ本宅へは帰らないらしい。

「でね、旦那様にはね、愛人がいるのよ。相手は銀座でクラブをやっている女の人」

その銀座の女が旦那様の仕事面での接待の潤滑油となり、妻である奥様は成金の家に高貴な血と人脈もたらす、生きた飾り人形のような存在らしい。

その銀座の女からお歳暮に届いたという、たらば蟹の蟹缶をお茶請けに、ひとしきり柳は教えてくれた。その女と旦那様は結婚前から続く関係で、互いに物を弁《わきま》えた大人だから愛人と正妻は揃って一人の男を盛り立てているのだという。


数日後の夕刻。

出入りの質屋だという男が「どうも、厄介なことになりました」と飛んできた。

奥様は飽きて不要になった着物やバッグなどをこの質屋に払い下げ、代わりに珍しい宝石を持って来させたり、何でも屋として便利に使っているらしい。

この男は興信所にいたこともあり、昔の部下に命じて、旦那様の銀座での行状を調査させ、奥様に報告する役割も任されていた。

いつも淋しい表情をしている奥様の内心の葛藤が弘美さんには見て取れた。

「あの女のクラブにいた若いホステスが、仲間を数人連れて店を辞め、突然、旦那様の後ろ盾でママになり、店をオープンさせました。旦那様と古株の女は、もう切れてます」

奥様の手から落ち、暖炉の前に散る隠し撮り写真には、恐ろしく美しい女がいた。

蟹缶の女は、旦那様に捨てられ、新しい愛人が手強く台頭してきたということらしい。

「男も五十の坂を越えますと、手活けの華を活けたくなるものですから。気が済めば飽きますよ。何年も居座った前の古狸と違って、そんな小娘など相手になりません」

柳はそう慰めていたが、新しい愛人の性根はそんな生優しいものではないとすぐにわかることになる。


突然、『御礼』と掛け紙があるオレンジ色の紙箱が、新しい女から奥様宛に届いた。中には薄紙に包まれた、華やかなシルクのスカーフが一枚入っている。店を出させてもらった挨拶にしては見窄らしい、と柳は眉を顰めていたが、女からのスカーフは、次々と思わせぶりに届く。

何十枚もすべて同じ柄のスカーフで、中心には王と王妃が幸せそうに手を繋ぎ、その周りでは、蛇や蜥蜴、たくさんの爬虫類が祝福をしているプリントだった。

奥様は、なぜかそのスカーフを手放さず、スルリと首元に巻いては床に落とし、ぼんやりと暖炉や庭を眺めて一日を過ごすようになってしまった。

そんなある深夜だった。

仕舞い湯を浴び、風呂から出た弘美さんが、奥様の洋間の前を通りかかると、

「やなぎぃ、やなぎぃ。早くきてえ。早くきてぇーー」

聞いたことのない、奥様の切迫した声がする。

思わず戸を開けて見ると、奥様の肩から上が、青い炎に包まれている。

「ええっ！」

弘美さんは驚きのあまり体が硬直してしまい、目を見開くばかりだった。

「やなぎぃ、私の首はどこぉ？　首がない、首がないのよぉ。どこかに行ったのよぉ」

青い火焔の中の奥様の首には、あのスカーフが何枚も蛇のようにトグロを巻いている。

仰天して家政婦部屋に飛び込むと、宙を見つめて正座をしている柳がいた。

「奥様が！　奥様が大変です！」

「――ヒロちゃんも見えたの？　あれは本物の炎じゃないわ。だから消せないわよ」

柳は、それよりも今は考えることがある、とでもいうように、虚空を睨んだままだ。

「でも、首がなくなったと！　奥様は、柳さんを呼んでました」

弘美さんがオロオロと言うと、

「――今度の女は、どうやら憑き物筋だわ。あのスカーフ、ただの布切れじゃないわ。これは、熨斗をつけてお返しをしないとならんねぇ」

そう言うと柳は決意の籠った目で立ち上がり、静かに奥様の部屋へ向かっていった。

翌日、柳は、奥様御用達の毛皮屋を呼んで、あの女からのスカーフを床に並べた。

「必ずスカーフの中心の柄を逆さにしてから縦に裂いて、生地も裏返しにして頂戴」

奥様の高価なシルバーフォックスのロングコートの裏地を剥いで、このスカーフを使って新たに裏打ちをするように依頼した。

それから、あの質屋も呼ぶと、残りのスカーフで同じように奥様の羽織の裏打ちをするように指示し、さらに新しい女の過去を詳しく調べさせた。

依頼通りにスカーフを裏地に仕込んだ毛皮のコートが戻ってくると、そのコートを着た奥様と柳は慌ただしく旅行に出掛けることになった。

行き先は、北海道、福島、富山、京都、愛媛。

例の新しい女を介してご縁の出来た殿方——の墓参りだと柳はいう。

数日後、二人が旅から戻ると、奥様は脱いだシルバーフォックスの毛皮を風呂場にある金属の物干し竿に干すように弘美さんに言った。

毛皮についたタバコ臭が風呂場の蒸気で抜けるから、という理由だったが、タバコの臭いはほとんどしない。

ただ、妙に重い。

高級な毛皮はずっしりと持ち下がりがするものだが、旅行に出かける前よりも、あまりに重くなったのが、弘美さんは不思議だった。

重い毛皮をやっと竿に掛けて、風呂場の扉を閉めた時だった。

扉の向こうから、

「ああ……」

無人のはずの風呂場から、湯に浸かった老人のため息に似たものが聞こえた。

弘美さんは、もしや、毛皮が竿から滑り落ちた音かと慌てて扉を開けた。

薄暗い風呂場には、毛皮に向かって俯いて立つ、男たちの後ろ姿があった。

ぼんやりとタイルの壁に透ける男の後ろ姿は、年寄りから若い男まで五人もいた。

頭から冷水を浴びたように、弘美さんの全身に怖気《おぞけ》が走った。

膝が立たなくなり、後ろ手に躄《いざ》って逃げ出すと、途中で柳にばったり出くわした。

今、見たことを言おうとするが、舌がヒリついて言葉が出ない。

「全く、怖い世の中よねえ。何人も男を自殺させた女が、のうのうと生きているなんて」

柳はそう言って小さく笑うと、しずしずと風呂場へ向かって行った。

弘美さんは柱に縋って震えながら、とても一緒に風呂場には戻れなかった。

東京に戻ってからの奥様は、毎夜、例の毛皮を着て出掛けるようになった。

タクシーを呼んで出かけ、帰りはいつも早朝になる。

「奥様はどちらにお出ましなんでしょうか？」

「ああ、新宿のホストクラブよ」

柳はこともなげに言う。あまりに意外な行き先に弘美さんが絶句していると、

「蟹缶の古狸にね、スカーフで裏打ちした羽織をあげたら喜んで教えてくれたのよ。あの女にできた恋人のことを。旦那様に内緒で付き合っている新しい男は、新宿のホストなのよ」

そして、あの質屋が大きなダイヤの指輪を見せに来た。

「質屋仲間からやっと見つけました。ご指定の女の遺品です」

恭しく見せるダイヤモンドの指輪は、大きな透明の飴玉のようだ。

「ヒロちゃん、この指輪を前につけてた人はね、昔そのホストに捨てられて死んだ女よ」

これで役者が揃った、と嬉しそうに言うと、柳は珍しく質屋に茶を出してやっている。

その指輪をして、ホストクラブに行った晩を最後に、奥様は一切、出かけなくなった。

シルバーフォックスの毛皮とダイヤを失くして帰宅したことに弘美さんが驚いていると、

「ああ、いいの。あれはホストの彼にあげたから。ちゃんと彼の彼女に届くはずよ」

奥様は妙にサバサバとした表情に変わり、楽しげに過ごすようになった。

それから数日後。初めて旦那様が自宅に帰ってきた。

何があったのか、ひどく憔悴した様子で黒い喪服を着ている。

書斎にブランデーと熱いお絞りを持って行くように柳から言われ、それを届けると初めて弘美さんの存在に気づいた。

「九州から来てくれた新しい家政婦さんですね。身内として末永くよろしく」

そう言って頭を下げる。だが、すぐに退屈そうに欠伸をすると、もう、どこかの女に電話を掛けていた。

奥様の部屋にも、ついでに熱いお絞りを届けにいくと、柳と奥様がシャンパンを空けて乾杯をしている最中だった。

「ヒロちゃんもおいで！　お祝いだからね」

奥様が珍しく軽口を叩く。柳も酔っているのか、ゲラゲラ笑っている。

「でも、傑作じゃないですか。あの女がホストと無理心中するなんて」

「それも、ホストの首を絞めた後に、ガス管咥えて自殺なんてね」

呪いの術の勝利に笑い転げる二人を見て、こんな秘密を共有した自分は、もうこの家から逃げられないのだろう、と弘美さんは悟ったそうだ。

それから四十年が経ち、弘美さんは今も同じ家に仕えている。

「今年で家政婦は引退する予定なの。もう見るべき化け物は全部、見せて貰ったしね」

――毎朝、奥様の洋間のドアの隙間からは、クスクスと笑う女達の声がする。

鏡台に向かいアイラインをひく奥様の手は震えが止まり、職人の様に正確になる。

「そうそう、上手よ。上手」

奥様は鏡の中の誰かといつも会話をしながらお化粧をされる。

その姿には、昔の雛人形のような面影は全くない。

奥様は新しい術を手に入れ、生まれ変わっている。

鼻翼縮小術　脂肪移植術　口角挙上術　靭帯再配置、高度皮膚再生術。

若いホストのような美容外科医に莫大な金額を注ぎ込んで作り上げた顔は、かつて興信所から届いた愛人の顔写真にそっくりになっている。

もうほとんど寝たきりの旦那様は、奥様の顔を見る度に怯えて布団の上を這い、アワアワと逃げ出そうとする。

死んだ愛人の顔になった本妻の首から上は、勝ち誇ったように笑っているのだそうだ。

空に近い所

地球には前人未到と呼ばれるエリアが沢山ある。

前人未到だからこそ人は魅かれ、挑戦を繰り返す。

しかし、人が足を踏み入れていない場所とは、そもそも禁忌の場所なのではないか？

人間がいないからといって、その場所に何もいないとは限らない。

勿論、無害な生物の場合もあるだろうが、もしもそうでなかったら……。

だとしたら人間は、そんな場所に近づくべきではないのかもしれない。


これは山形県に住む芦田さんという男性から寄せられた話。

彼は電力会社に勤めており、以前は現場で送電線のメンテナンス業務を行っていた。

送電線というのは発電所と変電所、そして変電所間を結ぶ太い高圧電線であり、効率よく大量の電気を送るのに必要不可欠なもの。

その送電線は低いもので一〇数メートル、山間部なら五〇m以上、中には二〇〇m以上の高さを通っているものまである。

命綱があるとはいえ、それ程の高所まで命がけで上っていき作業をする。

一つのミスで人体など一瞬で灰になる程の危険な高圧電流。

落下すれば間違いなく死が待っているという過酷な現場。

本当に大変な仕事だ。

ただ、やはりそれほどの高所ゆえに、そこから見晴らせる景色は想像の域を遥かに超えた絶景だそうで、その景色を見るだけでも命の危険を覚悟して高い場所に上る価値は十分にあるのだそうだ。

そんな彼は通常の引退年齢よりもかなり早い時期に現場から去った。

自ら懇願しての現場引退だった。

危険手当などかなりの高収入は捨て難かったが、どうやら命を最優先させたらしい。

それ程の高所で足が竦まず作業が出来るというのはある意味では特別な存在。

その対価として普通のサラリーマンでは望むべくもない、高額の収入を得ていた彼。

それをごく普通の収入に落とすということは、生活のレベルも下げなければならないということに他ならない。

それでも彼に引退を決断をさせたのは何なのか？

それは現場で、ある光景を目撃してしまったからだという。

その日も彼は、二名一組になって山間部に立ち並ぶ鉄塔に作業車で向かっていた。

全部で五組、計一〇人がそれぞれ一つの鉄塔を受け持ち、監督の指示で高所に在る高圧電線までよじ登って点検をする。

二名一組が受け持つのは一日に一つの鉄塔。

だからといってのんびり構えていたら、自分達の身を危険に晒してしまうことは十分理解していた。

速やかに鉄塔の下まで車でやって来た彼は、すぐに同僚と鉄塔を上る準備を始めた。

その時彼が担当した鉄塔は六五メートルの高さがあったらしく、いつもより気を引き締めて命綱などを点検した。

準備ができると、いよいよ鉄塔に纏わりつくようにして上っていく。

慎重に、そして迅速に鉄塔の最上部を目指して。

かなりの時間をかけてようやく最上部に到達しても、休んでなどいられない。

すぐに電流が止まっていることを確認して、作業に取り掛かる。

いつもと何も変わらない作業。

しかし何度やっても緊張の連続で、高所に慣れるということはなく、足はいつも震える。

それでもコツコツと点検作業をこなしていき、終盤へと差し掛かった頃、彼は奇妙な光景を見た。

実は数百メートル離れた鉄塔でも、別の組の二人が上り、最上部で同じように点検作業をしていた。

しかしその鉄塔には、いや鉄塔の近くの送電線に、椅子に座った老人の姿が見えたのだ。

見間違いかと思い何度も確認したが、確かに老人が座っていた。

驚いた彼は持っていた双眼鏡で状況を確認した。

アンティーク調の椅子が送電線の上にあり、その椅子にのんびりと座っている着物姿の老人は、違和感に溢れていた。

彼とペアを組んでいた男性にもその姿ははっきりと見えていたらしく、二人でその光景を見て、呆然と作業の手を止め見つめるしかなかった。

しかしどうやらその鉄塔で作業している二人には、その老人の姿も椅子も見えてはいないようだった。

危険な状況であることを知らせようと無線をするが、雑音ばかりでうまく繋がらない。

そうこうしているうちに椅子に座っていた老人が立ち上がり、その二人の方へと歩いていくのが見えた。

バランスを崩すこともなく、当たり前のように送電線の上を歩いていく。

老人は二人のすぐ近くまで歩いていき、足を止めた。

双眼鏡で食い入るように見守っていると、その二人は老人に対して必死に頭を下げて謝っているように見えたという。

実に不思議な光景だった。

それからしばらくすると、その老人は送電線の上を滑るようにして消えていった。

そして遠くの二人はまた何事もなかったかのように作業し、点検が完了すると鉄塔を下り始めた。

鉄塔から下りてその二人と合流した彼らは、先程の老人のことを聞いた。

しかしその二人はきょとんとした顔をするだけで、老人の姿も椅子も見ていないと返すだけだった。


それから数日後、その二人は変死した。

死亡した場所こそ違うが、全く同じ日時に命を落としていた。

自宅で発見された彼らの遺体は、ベッドに寝たまま亡くなっていたにも拘らず、まるで高所から落ちたように内臓が破裂し、悲惨な状態だったようだ。

単なる偶然として片づけるには無理があった。

彼は一番ベテランの先輩に、あの日に見てしまった光景について話し、アドバイスを求めてみた。

するとその先輩社員は彼に一言だけ。

「アレを見てしまったのならもう、高所作業の現場から引退しろ。さもないと、近いうちにあいつらみたいに死ぬ事になるぞ」

そう、告げだ。

「アレって何ですか？　どうして高所作業しているだけで死ななきゃいけないんですか？」

そう聞き返したが、それに対しての明確な返事は返ってはこなかった。ただ、

「アレは怖いものだ……。それが見えたということは、もう潮時なんだよ」

とだけ付け足されたそうだ。

そんな言葉を聞いてもなお、なかなか現場から引退する決心がつかなかった彼だったが、それから何回目かの現場で、これから上っていこうとする鉄塔の上にあの老人が椅子に座りこちらを覗き込んでいる姿を見つけてしまい、その場で引退を決意した。

この世とあの世の者には、それぞれテリトリーというものがあるのかもしれない。

だから人間は普通なら足を踏み入れないような危険な場所には近づかない方が賢明なのかもしれない。

家奴《かど》

現在、東南アジアのリゾート地に住む、五十代の内来《うちらい》さんのお話である。

内来さんの生家は代々にわたって大層な財産家だったそうだ。

過去の当主は、時代の波に翻弄されながらも、家運の危機を見事に乗り越え、手堅く資産を守って現代に至ったという。

内来さんの父上も不動産業や株式投資で莫大な利益を得て、内来さんが小学校に上がる年には、旧邸の隣に最新式の新邸宅を建築するに至った。

その邸宅には、昭和四十年代当時にもかかわらず、本格的な二十五メートルの屋外プールが完備されていたという。

内来さんは二人兄弟で、兄が十三歳、内来さんが十一歳の夏休みのことだった。

「その日は、自宅のプールで、兄からバタフライの泳ぎ方を教わっていました。でも、いくら教わっても形にならず、だんだんと私はベソをかき始めたんです」

兄は一を聞いて十を知る頭脳と運動神経を持っていて、内来さんとは真逆だった。

「おまえ、本当に何をやってもグズだなあ。ちょっと休むか」

兄はそう言って、プールサイドに寝転んだ。

内来さんもしょんぼりと水から上がると、兄がタオルとキャラメルを投げてよこす。

ダメな弟を口ではバカにしながらも、兄には不器用な優しさもあった。

キャラメルを舐めながら、内来さんがぼんやりと上空を眺めていると、視界の端に何か見慣れないものがある事に気づいた。

このプールは、消防署から消火用水の指定を受けていて、『消防水利』という三メートルほどの標識がプールのすぐ側に立てられていた。

その丸標識から突き出た鉄の支柱に、茶色い藁ヒモの輪が引っ掛かっている。

(何だろう？　標識の裏に何かぶら下がっているのかな？)

内来さんはプールサイドから庭の芝生に下りて、標識の裏側を仰ぎ見てみた。

——一足の草鞋《わらじ》があった。

誰がやったのか、草鞋に繋がっている藁ヒモを輪にし、支柱の突端に掛けてあった。

内来さんは驚いてお兄さんを呼んだ。

「お兄ちゃん、見て！　あそこに引っ掛ってるの、ワラジ？」

内来さんが標識の上を指差すと、

「え？　どれだよ？　何も無いけど？」

兄は怪訝な顔で標識の裏側を見つめている。

「お父さんに言えよ。俺には見つけられないし」

既に近視の進んだ自分より、視力抜群の兄が見つけられないはずがない。

だが、見えないと言い張っている兄のことは諦め、内来さんは母屋に走った。


書斎に入っていくと、悄然と安楽椅子に座っている父がいた。

その頃、父は株で大損害があったらしく、暗い顔をしてよく書斎に籠っていた。

「お父さん！　プールの標識に変なのがあるから来て！」

内来さんが今の出来事を夢中で話すと、父親は、突然、ハッとした顔をした。

「そうか――。見つけたのはお兄ちゃんだな？」

いつになく、真剣な目をして訊いてくる。

「ちがうよ！　お兄ちゃんは何もないって言うんだよ。お父さんが見に来てよ」

父は、目を見開き、雷にでも打たれたかのような驚きの表情をした。

だが、すぐに顔を歪めると、震える手で内来さんの頭を撫でながら、

「それはそのままにしておいて良いんだ。明日は大事な日になるから早く寝なさい」

泣き笑いのような表情で言った。

内来さんがプールに戻ると、黙々と泳いでいる兄がいるだけで、もうどこにも草鞋はなかった。


翌日、父親は朝から大鍋で米を炊き始めた。

そして、炊き上がった飯に向かって端座すると、緊張した面持ちですべて握り飯にした。

何十もの握り飯を次々と大きな盆に載せていく。

それが終わると、客用の座敷に白い木綿の反物を隙間なく敷き詰め始めた。

そうして徐々に真っ白い布で覆われた五十畳ほどの床ができあがっていった。

次には、握り飯を積んだ大盆を恭《うやうや》しく運び、座敷の中央の小机の上に置いた。

そして、父は「夕刻六時に二人で入ってきなさい」と言って襖を閉めた。

言われた通り、六時に座敷の襖を開けると、父が紋付袴の正装で小机の脇に座っている。

「今夜、この座敷には一生に一度しか呼べない大事なお客さんが大勢来る。二人とも今からは会話をしてはいけないし、自分の部屋から出ないこと。そして、表玄関には絶対に近づいてはいけない」

そう言って眉間にギュッと皺を寄せて目を瞑ると、胸の前で合掌をした。
こんな不思議な父の姿は初めてで、二人で思わず顔を見合わせる。
だが、そのまま静かに座敷を出ると、無言でそれぞれの子供部屋に戻った。

内来さんは、どんなお客さんが来るのかと思うと、気になって仕方なかった。
一度だけでも様子を見たいと思い、部屋を出ると足を忍ばせて座敷に近づいた。
すると、座敷から「うおおおっ」と沢山の人の響《どよ》めきが聞こえてくる。
(本当に大勢お客さんが来てるんだ……)
内来さんは、行ってはいけないと言われた表玄関の方も、つい、見たくなった。
そっと廊下を進むと、玄関の三和土の前に既に兄が立っていた。
(なんだ、お兄ちゃんも約束守らなかったんだ)
兄の背中に飛びつくと、内来さんも玄関の三和土を覗いてみた。
そこには沢山の握り飯がズラリと並んでいた。
適度に間隔を保って、お客へのお土産のように、三和土の上に握り飯が置かれている。
玄関の沓脱《くつぬぎ》石の上には、一足だけ草鞋が載っていた。
握り飯よりもその草鞋を見た瞬間、内来さんはなぜかゾッと背筋が寒くなった。

「お父さんがやったのかな？」

小声で兄に聞くと、兄は黙って下を向いて答えてくれない。

「お客さん、何人来てるんだろ？　おにぎりを数えたらわかるかな？　プールの横にあった草鞋もこの人達のだったのかな？」

内来さんの矢継ぎ早の質問に、兄はついに呆れた顔をして答えた。

「――おにぎりはあるけど、ワラジなんかないじゃん。お前、本当にどうかしてるぞ？」

嘲るように笑うと、兄は退屈しのぎに舐めていたキャラメルを二粒、内来さんの手に握らせ、足音を忍ばせて自室へと戻っていった。

内来さんは、いつになく腹が立った。

兄は昨日から有るものを無いと言い、真面目に訊いても、何一つまともに答えない。

腹立ち紛れに、兄から貰ったキャラメルをバンっと床に叩きつけた。

弾んだ二粒のキャラメルは、草鞋の上にコトリと落ちた。

そうして鬱憤を晴らすと、内来さんも自分の部屋に戻り、そのまま眠ってしまった。

次の朝、内来さんは父親に乱暴に体を揺すられて目が覚めた。

「これを玄関に投げたのは、お前か？」

父親はキャラメルを二粒、手に載せていた。半分寝ぼけながら頷くと、

「まだ十三だ！　早過ぎる！」

いきなり父から頬を叩り飛ばされた。

内来さんはそのまま外に飛び出し、理不尽に殴られた痛みに涙を流して庭を歩いた。

プールの側まで来て、ハッと立ち止まった。

プールの水がほとんど無くなっている。

消防署の指定だから勝手に水位を下げるな、と父からはうるさく言われていた。

プールの中を覗くと、大勢の人が踏み荒らした様な泥の足跡が水底に残っている。

兄にも見せようと、慌てて母屋に戻ると、玄関で兄が膝を抱えて座っていた。

勢い込んでプールの足跡の件を訴え、すぐに見に行こうと座ったままの兄の顔を覗き込むと――。

兄はニヤニヤと目だけで笑っていた。

父に叩かれたことを言っても、全く驚くこともなく、ニヤニヤと笑うだけだった。

その日から、兄は完全に人が変わったようになってしまった。夏休みが終わっても学校にも行かず部屋に籠っている。

そんなことは父が許さないはずだが、驚いたことに、本人の好きにさせろ、とそのまま

見守る態度をとった。兄の学校関係者や友人も兄の存在をあまりに容易に忘れていった。

兄は独房に住む囚人のように過ごす生活を好むようになってしまった。

春夏秋冬や寒暖の違いにも反応せず、食べたい物、欲しい物、見たい物への興味も無くなり、ベッドの上で空を睨んでいるだけだ。


内来さんが十三歳になると、初めて父から家系に纏わる因縁を聞いた。

内来家には、当主になる男子を支えるために、生涯独身の上、滅私奉公で当主だけに尽くす家奴《かど》を囲う因習があった。

元は、跡取り以外の子供に安易に田分けや分家をせず、財産を散逸させない自衛と労働力の確保が目的だったそうだ。

だが、後年になると、業の深い因習から生まれた『霊力』が目的になったという。

家奴になった者たちは、死後、当主へ予言を与える神のごとき存在になった。

当主は一生に一度だけ、予言を授かるために「客招き」という儀式ができた。

代々の当主に仕えて死んだ家奴を客として招き、水と食料を与え、予言を授かる。

その際、招いた家奴の全員が身を濯ぎ、喉を潤せるだけの大量の真水を当主は用意せねばならなかった。

曽祖父や祖父の代には、水桶で千杯の水を使用人が総出で庭に並べたという。

「そろそろマズイかもしれないと思ったから庭にプールのある家を作ったんだ。昔と違って使用人もいないのに、桶で水なんか運べないからな」

父は、受けた予言からヒントを得て、大胆な投機に成功し、損失を取り戻したと言う。

「水場に草鞋が上がると、家業衰運の証拠、客招きの頃合いだと言われているんだ。その草鞋は次代の当主だけにしか見えない」

当主になるのは普通は兄ではないのか？　なぜ？　と父に訊きそうになると、

「あいつは俺の子供じゃなかったんだろ」

そう父は嘯《うそぶ》いた。母親は内来さんを産んで半年で亡くなり、何も分からない。

家奴にする子供には因習のことを隠したまま育てるが、その子の名を墨書きした草鞋を神棚の奥に祀っておく。

家奴が十五歳になれば、新たな当主が握り飯をその草鞋にのせ、誓約とする。

「お前の名前の草鞋を神棚に上げてたんだ。ところが兄貴の方だとわかったから、客招きの晩に、慌てて兄貴の名前を書いた草鞋を玄関に披露することになったんだが――」

それが仇になって、と父は独り言のように呟いた。

「手に握っていたキャラメルでも誓約になるとはな。まだあいつが十三だったから不憫に思ったが――互いに慣れるものだな」

内来さんは、もう兄の昔の姿を思い出せなくなっていた。

そして、内来さんは父の家奴であり、もう死期の近い叔父の姿を初めて見せて貰った。

旧い屋敷の一室で存在を隠されて生きていたが、すでに人間というよりも穏やかな目をした牛のようだった。床に横たわり細い足を斜めに投げ出している。

「ムウオー！　ムウオーー！」

内来さんを見た叔父は、突然、牛が激しく怒ったような唸り声を上げた。

(兄も最後はこうなるのか――。こんな牢屋のような一室で……)

今更悔いても、父親の一生の一度の客招きは既に成功に終わり、次の当主と家奴の披露も終わってしまったのだ。


――成人後、家財産を引き継いだ内来さんは、日本から思い切って東南アジアのリゾート地へ移住した。もう家や因習に縛られずに、兄も連れて、静かに暮らすはずだった。

だが――。ここ数年、仮想通貨で内来さんは爆大な損失を出してしまった。

こうなると、あの「客招き」のことが嫌でも頭にチラついてしまう。

現地の女性と結婚し、生まれた長男はもうすぐ四歳になる。

まだ頃合いではないのか、長男は草鞋が見えるとは言い出さない。

この国に来てから、孤児への金銭援助は惜しみなくしてきたから、自分を父のように慕う経済的な養子は沢山いる。その中から冷酷だが、次の家奴を選べばいい。

大量の真水も、偶然にも家を囲む美しい水景にある。

客招きの準備は整っていた。


そんなある日、噴水が吹き上がる水景を前に、車椅子の兄が何十年かぶりに口を開いた。

「――お前、本当にグズだな。早く準備をしろ。もう草鞋が出ているぞ」

しかし、兄が震える手で指差す噴水には、内来さんには何も見えない。

予兆の草鞋は次代の当主にしか見えないと父は言っていた。まさか――。

(もしあの時の兄が、弟の目にも見えるただの草鞋をプールの側に吊るして、自分は見えないフリをしていたのだとしたら?)

(兄はわざと、自分の身代わりになったのではないか――)

聞きたいことは山ほどあった。だが、これが遺言であったかのように、兄はもう言葉を発せず、力尽きたように亡くなってしまった。

「結局、客招きは――兄の死後、私もやってしまったんです」

しかし、いつまで待っても、予言を授ける来客は一人も訪れなかったと言う。

「私が本来の当主ではないからか、もしくは次代の当主である兄を家奴にしたせいで、すべて途絶えたのかもしれません。兄がこんな無能な弟を生かしたせいで、莫大な価値のある霊力を失ってしまったことは悔やみきれませんよ」

そして明らかに家運が傾いてしまっているにも拘らず、内来さんの息子さんも当主の資格がないのか、全く草鞋は見えないのだそうだ。

「代々に渡って客招きに成功した話しか聞かなかったので、失敗したらどうなるのか、何もわからないんです」

内来さんは、家を囲む水景の底に、黒く巨大な牛のような顔が見えることがあるという。まるで、過去の家奴が大きな牛の顔に変わり、家を没落させた怒りを露わにしている様な形相なのだそうだ。

そして、その牛の顔だけは息子さんにも見えるようで、時折、水景を怖がり泣くのだという。

事故の記憶

現在では車に準ずる厳しい法規制がある自転車だが、ほんの数年前までは本当に自由な乗り物だった。

飲酒、無灯火、信号無視など確かに禁止されてはいたが、認知度も低く、実際に刑事罰を受けることも稀だった。

車よりも自転車、自転車よりも人、そんな弱者優先のルールは今も生きているのかもしれないが、当時は人と自転車の優位性が曖昧であり、そのせいか誤認して自転車は本当にやりたい放題な運転をする人が目立っていた。

この話を寄せて頂いた熊本市に住む小江さんもそんな中のひとりだったようだ。

彼はその時、仕事中に起こした事故が原因で免停中だった。

仕事が営業職ということもあり、背に腹は代えられず、高校以来乗っていなかった自転車を引っ張り出してきて、通勤や営業活動の脚として利用するようになった。

ただ一度車の楽さを知ってしまうと、自らペダルを漕がなくてはいけない自転車は面倒くさい以外の何物でもなかった。

だが実際に自転車で通勤を始めると、想定外に楽しい。

車を運転していると、赤信号や一時停止など必ず停車しなければいけない瞬間があったが、自転車にはそれがない。

いや、正確には自転車も道路交通法を守らなければいけないのだが、実際にはそんなルールを守らなくても何のお咎めもなかった。

そのうちに彼は、いかにして止まらずに目的の場所まで迅速に移動できるか、が最大の目的になってしまい、我が物顔で縦横無尽に街中を走り回るようになっていった。

自分の思うまま、好き勝手に。


そんな彼には一番好きな道があった。

それは主要道から離れて裏道に入る長い下り坂。

彼はその長い坂道でいかに速度を出せるかを楽しんでいた。

ペダルは一切漕がないで、坂道を下る重力だけでいかに自転車を加速させるか。

体感的には優に時速五〇～六〇キロくらいは簡単に出せていたそうだ。

下り坂が終われば真っ直ぐで平坦な道が延々と続いている。

そのままペダルを漕がないでどこまで自転車を進められるか。

それが自己ベストの判断基準だった。

上手くいく日もあればそうでない日もある。

だからこそ、なおさら彼はその遊びに夢中になってしまっていたのかもしれない。

ある日彼は、雨の日にもそれを実行してしまった。

自転車に乗りながら傘を差しての蛮行である。

下り坂に入る前に、しっかりと前方は確認した。

怖いものなしの彼は、自転車のペダルを力強く踏み込み、坂道に入ると同時にペダルから力を抜いた。

普通に考えれば、雨で濡れた路面や傘による風圧など、悪い条件しかなかったが、その時の彼にはそんな細かいことなどどうでも良かった。

彼は前傾姿勢のまま傘を差し、前方の視界ゼロの中、自転車を疾走させた。

傘に雨粒がぶつかる音や風圧で、なぜかいつもよりも速度が出ている、と感じた。

そろそろ下り坂が終わり、平坦な道になる。

そこからどれだけ距離を稼げるかが腕の見せ所であり、勝負だった。

しかし、そんなワクワクは次の瞬間突如として終わりを告げた。

グシャ……ドン……ガシャン……ドン！

先ず傘がひしゃげる音が聞こえ次に何かが胸にぶつかった。

ボキッ……グチャ……ボキッ……。


そんな音が聞こえた次の瞬間、激しい痛みが胸から背中に走り、それがすぐに両足にも伝わった。

痛みで呼吸ができなくなっていた。

しかしそれだけでは止まらず、彼の体は自転車を離れて前方へと投げ出された。

宙に舞っている最中、彼は自分が車の後部に追突したのだと冷静に考えていた。

どれくらいの距離を飛んだのかはわからない。

しかし数秒後、彼の体は固いアスファルトの路面に、顔からうつむけの状態で叩きつけられた。

車に無防備で激突した体のまま空を舞い、今度は重力のまま落ちて、どんどん濡れた路面が近づいてくる。

その一部始終を見ていた彼だったが、受け身はおろか体に力を入れることすらできなかった。

最初の車との激突で、何箇所かの骨が折れたのはなんとなく理解していた。

そして胸を強打したのも。

そのせいか彼は体に全く力が入らず、ピクリとも動かすことができなかった。

着地した彼は、顔と胸を支点にして濡れたアスファルトの上を滑り続けた。

路面が雨で濡れていたおかげで、衝撃や擦過の傷みはそれほど感じなかった。

その代わり、彼の体は延々と停止することなく路面を滑り続け、アスファルトの継ぎ目部分に体が引っ掛かったことでようやく止まった。

何故か体の痛みはそれほど感じなかった。

しかし相変わらず呼吸ができない。

それでも彼の頭の中はその場から逃げることでいっぱいだった。

――俺は、停止していた車の後部にぶつかってしまった。

怪我をしたのは俺だが、状況から考えれば非は自分にある。

だとしたら警察を呼ばれ、高額な修理請求をされ、会社にも連絡されてしまう前になんとかしてこの場から逃げなければ！

それが行動の最優先事項だった。

自分がどれくらい酷いケガをしているのかなど、頭の中から消えていた。

彼は自分の体で動かせる部位を探った。

両足を動かそうとすると激痛が走った。

ただ両腕だけはなんとか動かせそうだった。

背後からは彼がぶつかった車のものであろうエンジン音がはっきりと聞こえていたが、何故か車のドライバーが降りてきた音は聞こえなかった。

彼はほふく前進するように、両腕だけで少しずつ前へと進み始めた。

そんなことをしても、一メートル進むだけでかなりの時間を要するのは分かっていたが、その時の彼にはそんなことくらいしか思いつかず、必死でその場から逃げ続けた。

どれくらいそんなことをしていただろうか。

とてつもなく長い時間にも感じたし、ほんの一瞬にも感じていたようだ。

前方に小さな草むらを見つけた彼は、その草むらの中に体を滑り込ませた。

その時のホッとした気持ちは今でもはっきり覚えているそうだ。

そして、その安堵と引き換えに、彼の意識はすぐに飛んでしまった。

それから数年後、彼はその時の、いや草むらに隠れてからの記憶が一切残っていない事に気が付いた。

あの後、自分は逃げきれたのか？

それとも見つかったのか？

相手に捕まって高額の修理代を支払うことになったのか？

いや、それ以前に病院に搬送されたのか？

どんな手術や治療を受け、どれくらいの期間を入院やリハビリに費やしたのか？

それらすべてが彼の記憶からすっぽりと抜け落ちているのだという。

彼はその時の記憶を辿ろうと、家族や友人、同僚にも事故当時の様子を聞いて回った。

しかし、彼の質問に対する答えは皆同様だった。

「事故って何の話？」

「そもそも入院したり休んでたりした時期なんてなかったじゃん？」

誰もがそう返してきた。

彼にしても確かに死んでいてもおかしくないような事故だった。

あの事故が単なる夢だったとすれば、彼にとっても喜ばしいことだった。

だから彼は、

——あれはただの夢か、記憶違いにすぎないんだ……。

そう自分に言い聞かせたらしいが、どんなにそう思おうとしても何となく割り切れないものを感じていた。

事故のリアルさ、そして痛み。

それらが彼の記憶の中にはしっかりと刻み込まれていたのだから。


そんなある日、彼は仕事中に全身を打撲するような事故に遭い、病院へ搬送されたのだが、その時医師から奇妙な質問をされた。

「過去に骨折をして、病院に行かずそのまま放置したことはありませんか？」と。

どういう意味ですか？　と聞き返した彼に、医師は詳しく説明してくれた。

彼には顔面と肋骨三本、そして両足に関してはそれぞれ複数の複雑骨折をした形跡があり、それは既にくっ付いているものの、どう見ても医師がきちんと手術した骨の付き方ではなく、明らかに素人が適当にくっ付けたような歪な形の骨としてレントゲン画像に写り込んでいる、というものだった。

それ自体はまさに想定外の告知ではあったが、それを医師から聞いた時、彼の頭の中には時の記憶が一気に流れ込んできた。


俺はあの時確かに事故に遭っていた…………。

体が動かせない程の酷い事故に…………。


そしてあの草むらの中に隠れた時、誰かが俺の体をずるずると引きずっていった。

成人男性の体をまるで人形でも引きずるかのように片手でどこまでも……。

そしてアスファルト地面が砂利道になり、やがて土になった。

そして俺は畑の下にある穴のような場所に連れていかれた。

穴の中は暗く、いつまで経っても眼が慣れず全く何も見えなかった。

しかし、自分の周りで何かがもぞもぞと動いている事だけははっきりと分かった。

何も食べずに睡魔と闘いながら、どれくらいその穴の中で横たわっていただろうか。

その間、何故かお腹も空かなかったし、体の傷みも次第に消えていった。

ただずっと強い眠気に襲われ続けていたが、やがて穴の中から自分以外のすべての気配が消えた時、そのまま深い眠りに落ちてしまった。

ここまでがその時彼が思い出した内容になる。

そしてそこからの彼の記憶は曖昧になる。

自分を穴の中に連れてきたのは何なのか？

自分はどうやってその穴から逃げ出したのか？

それらのすべての記憶が欠落したまま、気付けば彼はいつもの日常生活の中に戻っていた。

しかし体の至る所の骨が折れた形跡が残されているのであれば、自転車による事故はきっと現実のものなのだろう。

そんな彼は、最近になってよく同じ夢を見るのだという。

その夢の中では犬のような顔で、体が毛むくじゃらの鬼のようなバケモノが出てきて、彼にこう告げるそうだ。

あと五年だな……と。

何が五年なのかは彼には分からない。

しかしある日を境にして、彼の背中に「五」という数字が刻まれていることに気が付いた。

「あと五年しか生きられないのか、それとも五年後に何かが起きるのかは分かりませんが、自分の過去に何が起こり、そしてその結果どうなるのか……。それを、自分の眼でしっかりと見届けたいと思っています」

最後に彼はそう話してくれた。

三千世界になきものを

早朝の大通りをリヤカーを引いて歩いていた、ダイちゃんの話である。

ダイちゃんはリヤカーで古紙の回収をして暮らしていた。

昔は非鉄金属の銅や真鍮などのスクラップの回収もしていたが、だんだんと重い物が持てなくなってからは、軽くて扱い易い古紙に代わったそうだ。

近所の大学から出る古紙を貰いに行くうちに仲良くなった学生が、いつの間にか教授になっているから、この仕事も長くなったとダイちゃんは言う。

ダイちゃんは読み書きはできないが、耳で教わることは少しわかる。

この世の中のこと、色んな話をその教授から聞いては、ダンボールや雑紙を積んでくる。

住まいは高層ビルに囲まれた古い平屋だが、そこの大家が随分と良くしてくれて気ままに安く住まわせてもらっているし、隣近所にも親切にしてもらい、一種独特の幸運に守られてダイちゃんの独り暮らしは成り立っていた。

「俺は大きいから大ちゃんって呼ばれてるんじゃねえぞ、知ってるか？」

そう笑うダイちゃんは、小柄でガッシリとした身体と頑丈な脚を持っている。

親兄弟もなく天涯孤独のダイちゃんは、炭鉱の下働きから始まって、モリブデン鉱山の荷担ぎ、道の舗装に使う山砂利掘りなど山奥仕事ばかりしてきたそうだ。

平坦で明るい場所に下りて来られたのは、港のスクラップ屋の雑工をやった時が初めてだったという。


そのスクラップ屋に雑工として入って、半年くらい過ぎた頃だったそうだ。

「おい、大馬鹿の大ちゃん、金貸せ。今夜は凄いところに連れて行ってやる」

先輩の雑工がニタニタ笑って、ダイちゃんの頭を小突いてきた。

言われるがままに金を渡し、水場で行水をすると、ダイちゃんは川沿いの街へ連れて行かれた。

そこは川の果てまで、小さな二階建ての飲み屋が何十軒も隙間なく建っていて、どの店の前にも東洋人から西洋人まで、綺麗な女が一人ずつ佇んでいる。

赤色灯の看板に照らされ、艶然と立つ女たちは、みな舞台女優のようだった。

（——この世にこんな場所があるのか）

山奥の暗い穴倉しか知らないダイちゃんは恐れ入ってしまった。

真っ赤な裾の長い服を着た、金髪の西洋人の女が先輩に向かって手を振っている。

先輩も手を挙げて軽く挨拶を返すと、

「どうだ、すごいだろ？　じゃ、頑張れよ」

ダイちゃんをそこに置いたまま、ツーーっと走ってその女の元へ行ってしまった。

女は先輩の首っ玉に抱きつき、さも嬉しげに赤いガラス扉の内側に誘い込むと、ピシャリと店のカーテンを閉めてしまった。

すると、中は見えなくなり、外の看板も明かりも消えてしまって後は何もわからない。

一人になったダイちゃんは、どうしたらいいのかわからず、その川沿いを歩き回った。

どういう仕組みなのか、店に客が入ると扉と窓のカーテンを皆サッと閉めてしまう。

逆にカーテンが開いたばかりの店を探してみると、頭をポマードで撫でつけ、白い開襟シャツを着た男が一人だけカウンターに腰掛けていた。

男は映画俳優のような顔付きで悠々とタバコを吸い、何か面白い冗談でも言っているのか、店の女は楽しげに頷いている。

外から覗いているダイちゃんに気がつくと、女は汚い野良犬でも追い払うような手つきをし、口を歪めて何か言うと、男と一緒に笑い出した。

(俺はこんな所は御免だ。どうせ散々嫌われて、蹴り出されるのがオチだ)

もう帰ろうと決め、ダイちゃんはしょんぼりと川沿いの道を戻った。

下を向いて歩いていると、道の木に干してあった女物の下着に頭から突っ込み、驚いて悲鳴を上げると、どこからか嘲るような女の笑い声がする。

その笑い声から逃げるように、暗い路地裏に飛び込んだ時だった。

道の突き当たりに、白っぽい服装の女が立っているのが見える。

女は白いシーツを素肌に巻きつけたような形の、片方だけ肩を出した真っ白な裾の長い服を着ている。

金色の長い髪を緩く前に垂らし、伏目がちな表情も哀しげで、彫刻のような顔をしていた。隣にはその母親なのか、四十くらいの顔立ちのそっくりな女が控えている。

さっきまでの女達が女優なら、今度は本物の女神が地上に現れたような美しさだった。

女たちに引き寄せられるように、ダイちゃんは一歩、二歩と近づいていった。

ちょうど一メートルくらい手前まで近づいた所で、突然、ハッと気がついた。

——女の姿がガラリと変わる。

若い方の女は、灰色に汚れた包帯で、もろ肌脱ぎの肩から腹までを巻いていた。

青紫のアザのある浮腫んだような顔で、頬の上には刃物で膾斬りにされたような細い傷が無数にある。目はその赤い傷口と区別のつかない、涙でジメジメした細い目だ。髪は漂白されたような縮れた黄色で、隣の母親の方も無惨なほど汚い老婆だ。老婆は藁で編んだゴザの様なものを体に巻きつけ、足は泥だらけの素足だった。二人ともじっと目を伏せ、処刑か拷問を待っているような姿だとダイちゃんは思った。女たちの足元には、ピンク色の白粉花《おしろいばな》が盛大に咲き乱れている。そこに集まった茶色い蛾がブンブンと飛び回り、その蛾の一匹がダイちゃんの目に飛んできたのを手で払い退けると——二人の女は、もうどこにも居なかった。

ダイちゃんはその日から、その女達のことが忘れられなくなった。美女だと思って近づいた時の美しい顔ではなく、灰色に汚れた包帯を巻き付けた肌と、浮腫んだ顔に惨めな赤切れの頬の悲しい目付きばかりが、頭に浮かぶ。あの二人をどうにかして助けてやりたいような気ばかりがしてくるのだった。

ダイちゃんはその川沿いの歓楽街で二人の女たちを探し回るようになった。あの時の行き止まりの路地を探すが、どうしても見つからない。散々探して歩き疲れると、川下にある古い焼き鳥屋で一杯だけ酒を呑んで帰る——。

そんな習慣ができつつあった、ある雨の晩のことだった。

焼き鳥屋の客が皆、早く引き上げてしまい、残った客はダイちゃん一人になった。

七十代位のこの老店主なら、あの路地の場所がわかるのではないかと訊いてみると、

「あぁ？　白粉花のある路地？　そんなのあったかなぁ？」

最初は見当もつかない様子だったが、思い切ってあの女達のことを打ち明けると、

「……そりゃ、叺《かます》ババアのドン突きだ」

合点したように言うと、こりゃ驚いた、と店主はダイちゃんに白目を剥いて見せた。

そして、今夜はもう店仕舞いだと言って、前掛けを脱ぐと隣に座って話し始めた。

「――叺ババアって女がいたんだよ。叺って知ってるか？　ああ、モッコ担ぎをしてたなら分かるな？　藁を袋に編んで石炭や砂利を入れる筒っぽの袋。あれ一枚を丸裸に着て、この町に現れた女がいたんだ。元は港町の芸者だったとか、叺に入れて川に投げ込まれたヤクザの女だとか噂されてたよ。そんな無惨な姿のままの女が、路地の先で客を集め始めたのよ。そこには女を嬲り殺しにするような酷い客ばっかりが群がったのさ」

叺ババアと仇名されたその女は、ついに頭のおかしい客に目を潰されてしまった。

だが、それで怖気づくどころか、どこで手に入れたのか、三味線をジャンジャン弾きながら叺一枚で、川沿いを練り歩いてきた。

「ワンハンドレッド！　ワンハンドレッド・ダラー！」

凄まじい満身創痍の姿で、体に巻いた叺に血を滲ませながら、足を縺れさせてやってくる。もちろん、普通の客は恐ろしがって寄り付きもしない。

それを可哀想に思ったある店の女が一万円札を投げてやった。叺ババアは綺麗な手つきで拝んで受け取ると去っていく。すると、その晩から、その女の運が急に良くなった。たまたま物珍しさで川沿いに顔を出したお大尽に見込まれて、ゼロが三つも多い勘定を置いていかれたお陰で、この魔窟から抜け出せた。

「叺ババアは極悪の客を引き受けてくれる上に、なんだかご利益があるって噂になったんだよ。でも、それを馬鹿にした西洋人の女が、叺ババアが根城にしているドン突きを蹴散らしたら、恐ろしい高熱で頭がおかしくなってね。川に飛び込んで死んじゃったんだよ」

叺ババアは、いよいよ歩けなくなると一輪車のネコ車に乗せてもらい、拾った長傘の束を手に持ち、雨が降りそうな晩には、傘売りをするようになった。

「ワンハンドレッドって廻ってきたら、みんな買ってやったね。流しのギター弾きだって石焼き芋屋だって買ったよ、古傘を千円でね。叺ババアの祟りが恐ろしいからさ。目が見えないのに、叺ババアを見て見ぬフリした奴は、高熱で体がおかしくなる。生きているのに、あのババアは祟りやがるってね」

ダイちゃんは、その話が胸にズシンと響いて訊いてみたそうだ。

「そのネコ車を押してたってのは、どんなヤツだったたんですか？」

店主は少し考えた顔をして、

「——娘じゃないかって、ね。ババアの。いつの間にか、叺ババアの側に居てね。包帯で顔も体もグルグル巻きになってたんだよ。顔は見えなくても後ろ姿がそっくりだった。でもこれも、もう三十年も前の話だ。まぁ、もう生きちゃいないだろう。でも、あの叺ババアのドン突きはそのままだ。あそこだけは、柱一本でも触ったら叺ババアの祟りで高熱が出て死ぬってね、誰も取り壊せないんだよ」

だいたいの場所を聞き出すと、ダイちゃんは早速、飛んで行った。

そこは、今まで何度も通りながら、なぜか素通りしていた路地の奥だった。

(——やっと見つけた)

ピンク色の白粉花が咲き乱れている。

雨に濡れる白粉花の向こうに女が二人、立っているのが見えた。

ダイちゃんが会いたいと思った姿のまま、灰色の包帯を体に巻き付けて、浮腫んだ顔をした女と叺袋で身体を隠した汚れた老婆がいる。

そっと近づこうと踏み出すと、フッと消えてしまった。

「怖かったかって？　ものすごく寂しい気持ちになったなあ。真っ暗い鉱山のトンネルに一人でいた時より、何倍も寂しい。そんな気持ちが押し寄せてきたんだよ」

休みの前の晩はもちろん、特に雨の夜は、ダイちゃんは必ず路地に行くようになった。

タバコを吸いながらしばらく黙って暗がりに立ち、そしてあの焼き鳥屋に寄って帰る。


女達の姿は、その後はずっと見えなかった。

でも、そんなことを八年間――続けたそうだ。


ある土曜日の夜の遅い時間だった。

ダイちゃんがテレビで街のシェフが料理を作る番組を観ていると、女のアナウンサーとは全く違う、別の女の声がする。

自分の首の後ろの盆の窪に、吐息の混じった声で、囁きかけられているようだった。

――会いたい。会いたくて、会いたくて、会いたくて　会いたくて、会いたくて――。

ダイちゃんは、一声も聞いたことはないが、あの包帯を巻いた女の声だとわかった。

（あの女が俺を呼んでいる）

そう思った途端、サンダルで外に飛び出していた。

女たちの路地に駆けて行くと、誰がやったのか、束になったまま火の消えた線香が、白粉花の下に幾束も転がっている。

だが、その夜もいつまで待っても二人はとうとう現れなかった。


次の日の夕方、胸騒ぎがして路地に行くと——ダイちゃんは目を疑った。

三方を囲んでいたボロ屋が重機で潰され、ドン突きはすべて無くなってしまっていた。

「——それっきり。それが最後だ」

ダイちゃんは目を伏せた。

だが、少し間を置いてから、照れたような赤い顔して、握った拳で自分の胸を示した。

「でもな、二人の形見はいつも持ってるぞ」

そう言うと、ラクダのシャツのボタンを外して、首からかけた紐の先を見せた。

白い塵紙で作った塊が付いている。その中を開けて見せると、白粉花の黒い種が一粒だけ入っていた。すると、まるでその場に白粉花が咲き乱れているような、濃厚な花の香りが道路に溢れた。花の種なのに素晴らしく良い香りがすると伝えると、

「子供の頃に殴られ過ぎて、鼻もバカになってるから、匂いは何もわかんねえんだ」

そう笑いながら、また塵紙に大事そうに種を戻すのを手伝おうとすると、

〈――触るな。これ以上、この人に関わるな〉

そう警告するかのように、花の香りが異常に強くなり、後から暗い腐臭が鼻を突いた。

その時、急に小雨がパラパラと降ってきた。

慌てて傘を広げて差し出そうとするが、なぜかダイちゃんの背中は全く濡れていない。

まるでリヤカーの上に座る誰かが、傘を差し出しているかのように雨は当たらない。

「紙が濡れちまうから、またな」

ダイちゃんは何も気づかぬ様子で、わずかな古紙の束をのせたリヤカーを引いて歩き出した。

「死んだ女と家族になれる場所はないかって、この前、大学の教授に聞いたんだ。ここにはなくても、きっと三千世界のどこかにはあるだろうって、さ」

ダイちゃんは去年、この世の往来を去って行った。

今も三千世界のどこかで大事な人達といるのだろう。

あとがき

この度は『霊鬼怪談　阿吽語り』をお手に取っていただき、誠にありがとうございます。

営業のK先生の『闇塗怪談』や『怪談禁事録』シリーズのファンの皆様には、今回は共著に多故くららという、全く見たことも聞いたこともない駆け出しの新人がお邪魔してしまい、驚かれていらっしゃるのではないでしょうか。

私自身が営業のK先生の単著の読者であり、ブログの更新も楽しみにしている一ファンでありますので、お気持ちはよくわかります。

営業のK先生のお書きになる怪談が至高の「ピン」であるならば多故なる新人の怪談は地を這うような「キリ」であり、本来でしたら同じ本に載ってはいけないほどの天地の差がございます。

しかしながら、「ピンキリ」と言う言葉がありますように、ピンとキリは異質な存在でありながら一緒に並べられると面白いニュアンスをもたらす効果があるようです。

「阿吽語り」の「阿」が物事の始まりであるならば、「吽」は事の終わりを表し、遠く離れた存在の二つが一緒の物事を行うときに「阿吽の呼吸」という、息が合った様子を醸し出す妙もあります。

したら幸いです。
そんな「ピンからキリまで」の怪談の掛け合いを読者の皆様に面白くご高覧いただけま

本書内に掲載された多故が採集させていただいた怪談は、通り掛かりの偶然の出会いや顔見知りの知人、いつも街で会う人、旅先の話相手など淡い人間関係からの聞き取りです。

そんな方々から人生に起こった怪異を聴かせていただく時、年齢や環境も飛び越え、誰よりも近く寄り添い、怪異を共感する喜びがあります。

まだ見ぬ、読者の皆様とも本書を介して、怪異の共感ができることを願っております。

最後になりましたが、このような右も左もわからぬ新人を共著という冒険の旅にお誘い下さった、まだ見ぬ営業のK先生、「本当に大丈夫か？」と密かにご心労ではなかったかと思われます。圧倒的な執筆力の営業のK先生に比べて筆が遅い私に、小言の一つもなく自由にマイペースに筆を振るわせて下さったことに心より深く感謝申し上げます。

また、単著で抜群の人気を博していらっしゃる営業のK先生と全くの無名な新人というコンビをご快諾くださり、大変お忙しい中をともに歩みを重ねてくださいました編集のO様に心より厚く御礼申し上げます。

最後までお読みくださりありがとうございました。またお会いできますように。

令和六年六月　夏至に向けて　　多故くらら

あとがき

『霊鬼怪談　阿吽語り』を無事に出版できたことにはとても感慨深いものがある。

俺にとっては初の共著であり、自ら編集者さんにお願いした初の企画物。

多故くららという新人作家の作品を幾つか読み、虜になった俺はすぐに多故さんと共著を出してみたくて仕方なくなった。

既に六月の単著が決まっていた中での俺からの急なお願いだったが、それでも編集者さんは快く賛同してくれた。この事には本当に感謝しかない。

以前から誰かと共著を書いてみたいと考えていたが、それはあくまで竹書房さんからのオファーがあった場合であり、自ら共著を企画しようなどとは全く考えてはいなかった。

そんな時、突然多故くららという才能の塊を見つけてしまったのだから、その気持ちの高ぶりは今でも忘れられない。

俺自身、他の作家さんのような芸術的な文章は書けないことは自覚しているし、できるだけわかり易い文章に徹しているのもそのためだ。

しかし多故くららという作家には、俺にはないものがすべて備わっていると感じている。

自ら聞き集めた怪異を独特の視点でいかようにも書いていく。文学的・芸術的な文章も作為的な簡素な文章も当たりまえのように書き上げてしまう。

まさに俺の真逆の存在なのかもしれない。しかし、だからこそ俺は初の共著の相手として多故くららを指名した。それによってどんな化学反応が起こるのかが楽しみでしかない。

他の作家さん達の共著がどんな段取りを踏んで書かれていくのかを俺は知らない。もしかしたら共著としては異質なのかもしれないが、この共著では先輩風を吹かすつもりもないし、俺が管理するつもりもなかった。すべての管理は編集者さんにお願いし、お互いに書いた話のタイトルさえ知らない。あくまで平等なタイマンよろしく、作家としての真剣勝負をしてみたかった。だから立場は互角であり、どちらにも遠慮はしない。それだけは多故さんにもしっかりとお願いしてある。

たとえ多故さんの作品が圧倒的な支持を集めたとしてもそれはそれで良いと思っていた。

しかし先日発売された『呪録 怪の産声』に収められている多故さん著の「日曜日のパンケーキ」を読んで俺は動揺を隠せなくなっている。

まさに新世代の作家は更なる成長で煌めく才能を抑えきれなくなっている。

そんな凄い多故くららと真剣勝負し勝てなくても引き分けには持ち込めるのか？　と。

その結論はこの本を読み終えたあなたの感想に委ねたいと思っている。

令和六年六月六日

営業のK

霊鬼怪談 阿吽語り

2024 年 7 月 5 日　初版第一刷発行

著者……………………………………………………………………営業の K、多故くらら
カバーデザイン…………………………………………………………橋元浩明（sowhat.inc）

発行所………………………………………………………………………株式会社　竹書房
〒 102-0075　東京都千代田区三番町 8-1　三番町東急ビル 6F
email: info@takeshobo.co.jp
https://www.takeshobo.co.jp
印刷・製本…………………………………………………………………中央精版印刷株式会社

竹書房
怪談
文庫